地域産業の経営戦略

―地域再生ビジョン―

NISHIDA Yasuyoshi
西田安慶　編著
KATAKAMI Hiroshi
片上　洋

税務経理協会

… は じ め に

　第二次安倍政権が2015年以降，「地方創生」を重要政策の一つとして打ち出し，地域おこしがブームとなっている。少子高齢化による人口減少が「地方消滅」と呼ばれるほどの事態を招いているからである。グローバル化による産業流出と人口減少が全国に拡大し，いまや地域社会は衰退し，地域再生は多くの人々にとって，切実な課題となっている。そのため人々は地域の活力を求めて，地域活性化に取り組んでいる。

　そこで，東京一極集中が進む今日，いかにして「地域の持続可能な発展」へ向けた新しい展開を進めるかが問われている。その展開に当たって留意すべきは，その目指すところ・出発点が，それぞれの地域によって異なっている点である。地域の特性も地域の抱える課題もさまざまだからである。さらに，その推進に当たっては地域の人々が力を合わせて地域問題に取り組むことが必要である。国家主導から自分たちの知恵で自分たちの地域社会をつくることが求められている。

　本書は，前述のような問題意識に立って全国各地（10事例）の取り組みについて，その過程と展開について検証し，その成果と課題を明らかにした。

　本書の構成は次の通りである。

　第１章（西田安慶執筆）では，大分県日田市における歴史と文化遺産を活用した観光まちづくりを検証し，それを通じて観光まちづくりの在り方と地域振興にとっての有効性を考察した。その上で，(1)観光的魅力の持続，(2)観光まちづくり関係者の組織化，(3)ホスピタリティの向上の３点が観光まちづくりに当たって重要であることを指摘した。

　第２章（伊部泰弘執筆）では，地域活性化を図るための地域ブランディングと地域で活躍する企業の経営戦略の在り方などについて，燕三条の刃物産業のケースを通じて考察した。その結果，地域産業を活性化させる経営戦略は地域のブランディングと深く関わりを持つと同時に，自社のものづくりをいかに地

域の産業観光に結びつけられるかという視点の必要性を提言した。

　第3章（中嶋嘉孝執筆）では，東大阪市における産業観光を取り上げた。その活動は2012年，一般社団法人大阪モノづくり観光推進協議会によって本格的にはじめられた。大きな目的は「モノづくり観光から人づくり観光へ」である。当市の観光政策の推進に当たっては，ものづくりは観光資源であり，資源を掘り起こし，加工することによって良い製品に変化することを意識すべきだと主張した。

　第4章（清水真執筆）では，富山市中心市街地活性化基本計画の一つである賑わい拠点の創出事業の成果と課題について述べた。大型店などの郊外への進出は，中心市街地における空き店舗の増加，居住人口減少等の問題を引き起こし，その対策のために，行政はコンパクトシティを目標とした富山市中心市街地活性化基本計画を策定・実施している。これは，中心市街地への市民の回帰を目的とするものである。

　第5章（成田景堯執筆）では，小売マーケティング論の品揃えと陳列の概念を用いて松山市の観光産業の分析を行った。松山市の観光産業は，道後温泉と松山城が引きつけるターゲットに合うような観光商品を取り揃えている。こうした観光商品の構成（品揃え）と配置（陳列）は優れているとはいえ，欠点も存在する。その欠点は提案型の観光商品がほとんど見当たらないことである。

　第6章（日向浩幸執筆）では，盛岡が南部鉄瓶をはじめとする鉄器の産地としての地位を確立した経緯とその技術伝承について述べた。その上で，国際化戦略を考察した。海外市場を欧州，北米，アジアの3ブロックに分け急須・鉄瓶・鍋類・鍋敷き・風鈴などを輸出している。その販売体制は一カ国一代理店という戦略を堅持し現地パートナーとの信頼関係を保つべきであると述べた。

　第7章（水野清文執筆）では，伝統野菜を付加価値の高いブランド産品に育て，地産地消することにより地域振興につなげようという近年の動きについて述べた。大和野菜は2005年10月5日，奈良県によって特産品に認定された。奈良県は大和野菜を県内産野菜としてブランド化することを目標としている。この大和野菜を地域振興に役立てる方策について考察した。

はじめに

　第8章(岩本勇執筆)では，焼津の地域資源と産業化に焦点を当てて考察した。全国屈指の品質を誇る鰹節はもとより，焼津の水産物は，冷凍品のまぐろやかつおをはじめ近海魚・缶詰・佃煮・練り製品など多様であり，総合水産都市としての発展に着手している。国内マーケットではブランドを確立するとともに，グローバル化に備えて，新たな産業形成に努力している点について述べた。

　第9章(藪下保弘執筆)では，ＪＡはくいが，石川県羽昨市と協働して自然栽培農法を戦略的に推進している点について述べた。この連携は農業を市政の中核に据えるといった大胆な発想の転換である。この活動が功を奏し，課題克服，すなわちイノベーションの創出に成功しつつある点に着目して検証した。

　第10章(片上洋執筆)では，まず産業観光の実現方策と意義について述べた。その上で，菜の花の観光資源化について考察した。観光資源の集積効果を活用しつつ，「菜の花フェスタ」「菜の花まつり」などのイベントを開催して集客を行っている事例を紹介した。さらに菜の花製品の製造と菜の花米の栽培など事業化についても提言した。

　以上，本書は日本企業経営学会に参集し，日頃から地域産業を研究している10名の会員の執筆によっている。地域産業を存続・発展させるための手法・戦略を考察してさまざまな提言を行っている。第一の視点は，地域資源を観光という視点からとらえて，交流人口を増やしてまちを活性化しようとする点である。そのためには地域資源を見つけ出し，それを活用していかなければならない。たとえば，地域を代表する企業群・伝統工芸・伝統芸能・特徴ある農産物・神社仏閣・祭などである。それらは地域の人々の誇りになっているものであり，それらをいかにして「観光まちづくり」「産業観光」につなげていくかである。第二の視点は，地域産業のイノベーションという視点である。地方都市において中小企業によって担われている製造業や水産加工業は，高い技術水準によって個性的な商品を生産するとともに，新用途を開発していかなければならない。さらに求められるのは，ブランドの確立である。第三の視点は，農業発の地域イノベーションである。近年，伝統野菜を復活させようとの動きが全国各地で始まっている。ある土地の気候風土にあった野菜で，古くから作ら

れてきた野菜を付加価値の高いブランド産品に育て，地産地消することによって地域振興につなげようとするものである。さらに，自然栽培の取り組みも始まっている。食の安全・安心の観点から無農薬・無施肥・無除草剤による農法を推進しようとする動きである。本書は，以上三つの視点に立って経営戦略を考察し，提言したものである。

前述の地域再生・地域活性化を推進するためには「人財」が必要となる。いま，大学はみずからの潜在力と役割を認識し，人財育成に乗り出している。本書が大学における人財教育にいささかでもお役に立てば幸甚である。また，自治体や民間団体の方々にも，ぜひ本書の活用をお勧めしたい。

最後に，出版情勢が厳しいなか，今回の企画をお引き受けくださった税務経理協会に感謝するとともに，章立てや内容に関して有益なアドバイスをいただいたシニアエディターの峯村英治氏にお礼申し上げる。また各章の執筆にあたり見学やインタビュー，資料提供に快く応じてくださった方々にこの場を借りて感謝の意を表したい。

2016年8月吉日

編著者代表　西田　安慶

目　次

はじめに

第1章　観光まちづくりによる地域再生 ────── 西田　安慶
　　　　　－大分県日田市の事例を基に－
　第1節　観光まちづくりの意義 ………………………………… 3
　第2節　水郷日田（すいきょうひた）………………………… 5
　第3節　大分県日田市におけるまちづくりの実践 …………… 7
　第4節　大分県日田市の歴史と文化遺産 ……………………… 12
　第5節　日田市豆田地区における観光の現状 ………………… 17
　第6節　観光まちづくりの課題 ………………………………… 20

第2章　産業観光に向けて燕三条地域の
　　　　　取り組み ──────────────── 伊部　泰弘
　第1節　燕三条地域の特色 ……………………………………… 25
　第2節　「ものづくりの街」燕三条と地域ブランドづくり ……… 26
　第3節　産業観光における燕三条の取り組み ………………… 31
　　　　　－刃物産業を中心に－
　第4節　ものづくりを如何に産業観光に繋げられるか ……… 39

第3章　東大阪に見る産業観光 ─────────── 中嶋　嘉孝
　第1節　多角的視点から見る産業観光 ………………………… 45
　第2節　東大阪市における産業観光 …………………………… 50
　第3節　産業観光のあり方 ………………………………………55

第4章 富山市における「賑わい拠点の創出」事業 ——— 清水　真

- 第1節　中心市街地の衰退と活性化の取り組み ……………… 63
- 第2節　中心市街地の活性化に向けて ……………………… 68
- 第3節　賑わい拠点の創出事業の取り組み ………………… 71
- 第4節　第2期富山市中心市街地活性化基本計画 …………… 78

第5章 松山市における観光産業の現状と課題 ——— 成田　景堯
－小売マーケティング論の視点から－

- 第1節　松山市と観光 ……………………………………… 85
- 第2節　視角としての小売マーケティング論 ……………… 88
- 第3節　松山市における観光産業の品揃え ………………… 91
- 第4節　松山市における観光産業の情報提供 ……………… 97
- 第5節　今後の課題 ………………………………………… 101

第6章 南部鉄瓶の伝統と革新 ——— 日向　浩幸

- 第1節　南部産地の形成 …………………………………… 105
- 第2節　伝統技能の伝承 …………………………………… 106
- 第3節　南部鉄瓶の革新 …………………………………… 114
- 第4節　国際化戦略 ………………………………………… 117
- 第5節　観光化戦略 ………………………………………… 118
- 第6節　南部産地ブランドの確立 ………………………… 120

第7章 大和野菜を用いた地域貢献事業 ——— 水野　清文

- 第1節　大和野菜による地域振興と課題 …………………… 123
- 第2節　6次産業化の期待と社会的企業の成長 …………… 127
- 第3節　株式会社粟の事例 ………………………………… 133

目次

第8章 焼津の地域資源と産業化への取り組み ── 岩本　勇
第1節　焼津の地域資源と産業化 …………………………………… 143
第2節　かつお節産業の生成と歴史的変遷 ……………………… 147
第3節　焼津のかつお節産業 ………………………………………… 150
第4節　焼津の主な産業と地域資源 ………………………………… 152
第5節　焼津の水産加工産業の展望 ………………………………… 160

第9章 「自然栽培」に期待される農業発の地域イノベーション ── 藪下　保弘
第1節　「自然栽培」と「羽咋」 …………………………………… 165
第2節　JAはくいの取り組み ……………………………………… 168
第3節　SNSにおける「自然栽培」の評価分析 ………………… 175
第4節　連携の本質と地域イノベーション創出の期待 ………… 183

第10章 菜の花の活用による観光資源の創造 ── 片上　洋
第1節　地域ブランド ………………………………………………… 189
第2節　観光資源 ……………………………………………………… 191
第3節　産業観光の実現方策と意義 ………………………………… 193
第4節　菜の花を活用した観光資源，菜の花製品，菜の花米 ………… 201
第5節　花見イベントと観光資源の事業化・産業化 ……………… 205

おわりに ……………………………………………………………………… 211

索　引 ………………………………………………………………………… 213

地域産業の経営戦略
― 地域再生ビジョン ―

西田安慶　編著
片上　洋

第1章 観光まちづくりによる地域再生
－大分県日田市の事例を基に－

第1節　観光まちづくりの意義

1　地域再生と「観光まちづくり」

　日本経済は，バブル経済の崩壊後，不良債権問題やアジア通貨危機などのショックに見舞われ，過去20年近くにわたって，本格的にデフレ経済から脱却することができなかった。

　このような状況の下で，地域経済は高齢化や少子化，生産拠点の海外移転，公共工事の減少，深刻化する自治体の財政危機など，さまざまな困難に直面している。いまや，地域社会は衰退し，地域再生は多くの人々にとって切実な課題となっている。そこで，低成長時代の新たな発展戦略として，「観光まちづくり」による地域再生の可能性について考察したい。

　「観光まちづくり」の用語が意図的に使われだしたのは，21世紀になってからである。その用語は，運輸大臣（当時）の諮問に対する2002年12月の観光政策審議会答申「21世紀初頭における観光振興－観光振興を国づくりの柱に－」の中に見られる。この答申を作成するために1999年，観光政策審議会総会で「総合部会」と「観光まちづくり部会」が設置されている。

　観光まちづくり研究会（財団法人アジア太平洋観光交流センター）による観光まちづくりの定義は次の通りである。「地域が主体となって，自然，文化，歴史，産業など，地域のあらゆる資源を活かすことによって，交流を振興し，活力あふれるまちを実現するための活動」と定義している。

2　観光まちづくりの始まり

　1990年代後半から，観光まちづくりの現実が話題になり，当該地域を訪れる人たちが急増した。それらの多くは，1980年代頃からまちづくりに取り組み始めたものである。1970年代から地道に観光まちづくりを進めてきた事例も少なくない。それらのまちづくりの事例は，当該地域に根ざした独自の構想で地域振興を実施した結果から生まれたものである。その成果に多くの訪問者が共感し，繰り返し訪れるようになり，「まち」のよさは，「口コミ」で広がっていった。訪問者の増加につれて多くのメディアが報道を始め，その効果は，訪問者の増加に拍車を駆けた。この現実が「観光まちづくり」という言葉で呼ばれるようになり，広く認知されることとなった。

3　国の観光政策

　観光政策は，2003年の観光立国宣言で重大な国策の1つとなった。小泉純一郎首相は，第156回国会施政方針演説の中で，2010年までに日本を訪れる外国人旅行者を1千万人に倍増させる計画を発表した。同時に，「観光立国懇談会」（座長：木村尚三郎）が設置された。本懇談会は2002年4月に報告書を提出して，そこに「観光カリスマ」や「一地域一観光」の発想が盛り込まれている。

　国の観光政策の方針を構成する出発点は，「観光政策審議会答申（以下「答申」）（2002年）と「観光立国懇談会報告書（以下「報告書」）（2003年）である。「報告書」には観光まちづくり政策の方針が盛り込まれている[1]。「報告書」に基づき「観光立国行動計画－『住んでよし，訪れてよしの国づくり』戦略行動計画－」（2004年）が策定された。本計画は，「日本の魅力・地域の魅力の確立」を目標に揚げ，次の3つのテーマを提示している。

- 日本の魅力の維持，向上，創造
- 「一地域一観光」国民運動の展開
- 地域の輝く個性を発揮する「一地域一観光」の推進

次に，観光まちづくり政策の意図を整理しておきたい。

「答申」における観光まちづくり政策の目的は,「『まち』の多くが活力を失い,停滞している状況」の変革にある。「観光まちづくり」により「均一化した『まち』の表情」を「個性ある『まち』の表情」に変えることを意図している。そして,その実践には,「地域住民中心」が強調されている。

一方,「報告書」は,「観光振興の魅力を活かす環境整備」の施策の中で,「地域に根ざした魅力を高めよう」という点を強調している。「報告書」の「観光まちづくり」の目的は,「まち」を観光対象化するための「まち」の魅力の向上にある。

前述の「答申」と「報告書」は観光振興と地域振興が不可分に結びつき,その結びつきが観光振興にも地域振興にも同時に効果的であることを含意している。

以上,観光まちづくりの意義について述べた。そこで,本章は1970年代から始まった大分県日田市における観光まちづくりを検証し,それを通じて観光まちづくりの在り方と地域振興にとっての有効性を考察しようとするものである。

第2節　水郷日田（すいきょうひた）

日田市は九州北部にあり,大分県の北西部に位置している。古来山紫水明の地として知られ,水郷日田と呼ばれてきた。また当地は内陸型盆地であり,東西24.88km,南北48.63kmと南北に長い市域の周囲は山にかこまれ市域面積666.2k㎡ののうち山林は552.99k㎡と83％を占める。杉を中心とした人工林は山林面積の76％を占めている。盆地の北側の花月川,南側の玖珠川,大山川が合流し三隈川となり,筑後川の上流部を形成している。

古くから北部九州の交通の要衡として栄え,歴史的には,安土桃山時代に豊臣秀吉の直轄地として,江戸時代には天領[2]として九州の政治・経済の中心的役割を果たし,独特の町民文化が華咲いた。このような歴史を伝える街並みや緑豊かな自然に恵まれ,奥行きのある景観をつくり出している。

2005（平成17）年3月22日には，日田市と前津江村・中津江村・上津江村・大山町・天瀬町の1市2町3村が合併し，人口は68,810人（平成27年4月30日現在）である。「人と自然が共生し，やすらぎ・活気・笑顔に満ちた交流都市」を目指し，新しいまちづくりを進めている。

　当市では，主に駅前周辺と隈，豆田地区において商店街が形成されており，その内外にスーパー，DIY等の大型店舗が立地している。1978（昭和53）年より商店街近代化事業に着手し，地方中核都市として商店街機能の活性化を図っている。福岡・久留米などへの購買力の流出を防止すると共に，周辺部からの吸引力を高め，整備された町並みは，ショッピングの楽しさを感じさせる商業空間を形成している。日田市の卸売業・小売業の年間販売額は2012（平成24）年において約847億円である。事業所数は937，従業員数は4,512人となっている。

　日田は日本の三大林業地帯を形成している。豊富な森林資源は「日田杉」として知られ，住宅建築用材として全国各地に出荷されている。そして，これらの良質な日田材の繊細な紋様を生かしたものに玄関戸，障子，ふすま，欄間，衝立等の建具類や，茶托，菓子鉢等の木工芸品がある。また現代感覚のデザインを取り入れた下駄などの製品により「はきもの産地」として知られている。そのほか日田家具は，リビングセット・ダイニングセット・ベットなどの木製脚物家具を中心に，豪華な皮製品など多種多様な製品により，全国有数の家具産地となっている。

2012（平成24）年の工業統計調査によると，
(1) 木材は事業所数81，従業員数875人，製造品出荷額等1,409,196万円である。
(2) 家具は事業所数27，従業員数512人，製造品出荷額等503,504万円である。
(3) パルプ・紙は事業所数3，従業員数60人，製造品出荷額等59,298万円である。

第3節　大分県日田市におけるまちづくりの実践

　輝かしい歴史をもつ日田市ではあるが，1970年代の商店街は寂れており，「商売繁盛のため何とか人の来てくれるまちにしたい」という願いから，民間主導で観光立市を目指す活動が始まったのである。

　1976（昭和51）年，「日田の明日を考える会」がメンバー15人により設立された。この活動の中心的存在であった石丸邦夫氏[3)]に，珈琲談議所嶋屋で2015年5月27日にインタビューを行った。その思いを具現化することとした過程は次の通りである。

(1)　思　い
　①　若者が帰ってくるような賑わいのある「まちづくり」ができないか。
　②　近代化一辺倒ではない，古い町並みを活かした「まちづくり」はできないか。
　③　「観光」でやってみたい。

(2)　仲　間
　①　「思い」を仲間達に話した。
　②　勉強会「日田の明日を考える会」の立ち上げた。
　③　商店街，行政との協働も視野に活動を始めた。

(3)　先進地視察　1977年（昭和52年）仲間4人で飛騨高山を見学した。
　①　「モノから心」への変化を感じた。
　②　豆田の町並みに通ずる雰囲気があった。
　③　雪の降る平日にも関わらず賑わっていた。

(4)　実践へ　豆田町で，歴史ある町並みを活かした，「観光地」としての「まちづくり」を行うこととした。

1　豆田町における日田天領まつりの開始

　1979年，豆田町の寂れた商店街を人気観光スポットとするための活動が始まった。この点について，石丸邦夫氏に聞いた。

　行政から既存の「ふるさとまつり」の時に，豆田町で何かやらないかと持ちかけられた。1年越しで，商店街などの協力体制を作り「まつり」を行うことができた。内容は江戸時代，陣屋お膝元の町として栄えた「豆田町」を存分に楽しんでもらうようなイベントとした。

　日田は1767（明和4）年，総石高約17万石の天領となり，西国筋郡代4)が着任することとなった。豆田，隈の両町をもつ日田は，九州の政治，経済の中心地として栄えた。日田の富裕な商人が，掛屋や大名の御用達として活躍したのである。当時，日田には文人・墨客が訪れ，俳諧，文人画，茶道等の町人文化が栄えた。豆田町には，今も江戸時代の建物が点在し，当時の面影をとどめている。その文化を再現し，天領日田のイメージアップと市民の意識を高めるためのイベントを企画したものである。その名称を『日田天領まつり』と定めた。

　『日田天領まつり』は毎年11月第2週の土・日に月隈公園や豆田町周辺で行われる。各所で様々な催しが繰り広げられるほか，月隈公園周辺の天領屋台では地元の食を味わうことができる。まつり一番の見所は，日曜日に行われる

写真：第36回日田天領まつり《西国筋郡代着任行列》

写真提供：日田市観光協会

「西国筋郡代着任行列」（写真）で，時代装束を身にまとった総勢約200人の行列が，豆田の伝統的な町並を練り歩く姿である。天領として繁栄した往時を忍ぶことができる（図表1－1参照）。

第1回日田天領まつり（1976年）は，観客約3万人の大盛況で，町に賑わいをつくることができた。しかしながら，イベントとしての一過性の賑わいに過ぎず，平常に戻ると以前の商店街と変わりがなく，飛騨高山の賑わいには遠く及ばなかった。そこで，その後，日常的なにぎわいを創出するために伝統的建造物群や廣瀬家・草野本家等の文化遺産を生かしたまちづくりが推進されることになるのである。

2 「千年あかり」の開催へ

2005（平成17）年に豆田地区の地元有志の実行委員会により，『千年あかり（祭りの名称）』が始められた。毎年11月第2週の土・日に開催されている「天領まつり」に合わせて行うこととしたのである。それは，開始から四半世紀が経った「天領まつり」に集客イベントとしての魅力を加えるものであった。名称は過去千年，未来千年におもいを馳せる意味で「千年あかり」と命名された。2015（平成27）年11月14日と15日の両日，午後4時半から9時まで「第11回千年あかり」が開催された。「伝統的建造物群保存地区」に指定されている豆田地区と，「水郷ひた」のシンボルの一つである花月川に約3万本の竹灯籠を敷きつめ，幻想的な雰囲気を醸し出す。日暮れとともに花月川河川敷には無数の竹灯籠が織りなす花の帯が浮かび上り，巨大なランタンが異彩を放った。豆田地区一帯には趣向を凝らしたオブジェの数々が展示され竹明かりに酔いしれる。千年あかりは，里山を荒らす竹を観光資源に生かそうと，市民手作りのイベントとして始まった。11回目となる昨年（2015年）も市民や高校生，企業ボランティアが竹の伐採から灯籠づくり，当日の点火作業までを陰で支えた。

3 天領日田おひなまつりの開催

1984（昭和59）年に草野本家がおひなさまを公開し，第1回天領日田おひな

まつりが始まった。日田が「九州ひなまつり発祥の地」といわれる所以である。

　江戸幕府の直轄地（天領）として栄えた日田市には莫大な財を成した豪商たちが京都や大阪などで買い求めた絢爛豪華なひな人形が数多く現存しており，これらを公開することにしたものである。

　『天領おひなまつり』では，往時の文化を物語る全国的にも珍しい雛人形や，庶民の間で親しまれた「かきあげ」と呼ばれる紙と布で作られた人形など，日田地域特有の雛人形が毎年2月15日から3月31日までの間，市内の約20か所の旧家・資料館などで一斉に展示・公開される。2015（平成27）年の天領日田おひなまつりは2月15日（土）から3月31日（月）まで開催され，観光客数は約135,000人にのぼった（図表1-1参照）。なお，同時に開催されたイベントは「青い目の人形パレード」「豆田流しびな」「天領日田ひなまつり健康マラソン」「日田おおやま梅まつり」「ひな祭り女子遠的弓道大会」「高塚愛宕地蔵尊春の大祭」であった。

4　日田祇園の曳山行事

　日田の祇園は，隈祇園社・竹田祇園社で5基の山鉾が，また豆田祇園社で4基の山鉾が奉納され，毎年7月20日すぎの土・日曜に神輿の御神幸と山鉾の巡業による祇園祭が行われている。（集客数は図表1-1参照）。

　祇園囃子の音色とともに高さ10mにも及ぶ山鉾を曳く男衆の勇壮な掛け声が響きわたる日田祇園祭は，疫病や風水害を払い，安泰を祈願する祭りで300年の伝統を持っている。豆田，隈，竹田地区では絢爛豪華な山鉾が町並みを練り歩き，夜には提灯を飾りつけた優美な晩山巡業で祭りは一気に盛り上がる。この『日田祇園祭』は1996（平成8）年に国重要無形民俗文化財に指定されている。

　豆田地区の4基（豆田下町山，豆田上町山，港町山，中城町山）は，蔵の中に置いてあったものを各自治会（4町内）が，積立金・寄付により1基約1,000万円で修復したものである。これにより，1989（平成元）年から隈祇園社・竹田祇園の5基と豆田地区の4基，合計9基の絢爛豪華な山鉾が一同に会する集団顔見世を開催することが可能となった。『日田祇園集団顔見世』は日田祇園を観

光資源とする目的で始められたものである（集客数は図表1－1参照）。期間は日田祇園祭の2日前の19時から20時30分までで，主会場は日田駅前である。

5　日田川開き観光祭

初夏の訪れを告げる「日田川開き観光祭」が毎年5月20日過ぎの土・日曜に開催される（集客数は図表1－1参照）。一万発の花火が川面を真っ赤に照らす。

第68回日田川開き観光祭は，2015（平成27）年5月23日（土）と24日（日）の両日，市内一円で開催された（集客数は図表1－1参照）。5月23日（土）にはハンギリ源平合戦が行われた。特大のハンギリ桶に乗って競技を行うものである。また「鼓笛隊」と「芸能隊」も登場する。高校生・中学生・小学生の総勢約1,500名が音楽大パレードのための練習をし，15校の小学生が演奏や行進の練習を行って当日に臨んだ。市民芸能隊も演奏する人，歌う人，踊る人のチームによって演出された。

観光祭と同時に三隈川で鵜飼が始まる。鵜飼は伝統的な漁法で，日田では安

図表1－1　まつり・イベント誘客数

年次 (平成)	2～3月 ひなまつり (豆田・隈・その他)	5月 観光祭	7月 祇園山鉾集団顔見世	7月 祇園祭	11月 天領まつり	計
27	135,000	255,000	20,000	35,000	80,000	525,500
26	130,000	268,000	20,000	45,000	145,000	608,000
25	140,000	260,000	20,000	45,000	135,000	600,000
24	118,000	240,000	10,000	30,000	135,000	533,000
23	124,000	210,000	20,000	40,000	170,000	564,000
22	138,000	150,000	20,000	40,000	160,000	508,000
21	146,000	280,000	20,000	40,000	150,000	636,000
20	120,000	220,000	12,000	43,000	140,000	535,000
19	150,000	280,000	5,000	50,000	130,000	615,000
18	145,000	250,000	中止	20,000	110,000	525,000

（出所）　データは大分県日田市商工観光部観光課。

土桃山時代，豊臣秀吉の代官として日隈（ひのくま）城を築城した宮木長次郎が，岐阜・長良川から鵜匠を招いたことに始まるといわれる。幕府直轄領であった江戸時代には，鵜飼を行うために代官の許可を得た「鵜匠株」を必要とし，幕府から保護されていた。毎年5月下旬から10月末まで，3名の鵜匠が観光客に伝統漁法を披露している。暗闇に沈む三隈川の水面を照らす鵜飼船の篝火(かがりび)は，水郷日田の代表的な夏の風物詩である。

第4節　大分県日田市の歴史と文化遺産

1　西国筋郡代による九州経営の拠点

　日田は大山川，玖珠川，筑後川，山田川などによって四方に通ずる，古くからの交通要衝であった。豊臣秀吉はこれに着目して，1594（文禄3）年に直轄の支配地とした。

　その後，徳川幕府は一時日田を譜代藩領としたが，1686（貞享3）年5代将軍綱吉の時，天領とし代官所（永山布政所）を設けた。日田は1767（明和4）年，豊後，豊前，日向，筑前，筑後の5か国15郡と天草を加えた約17万石を支配することとなり，西国筋郡代に昇進した。そのため日田は明治維新まで，幕府の九州経営の拠点[5]として重要な地位を占めた。九州内に日田の出張陣屋が3か所（四日市，富高，富岡）に置かれた。

　当時，日田の商人は，豊後，肥後，筑前の各地から，米，菜種，紙，タバコなどの物産を日田に集め，中津から船で上方へ運んだ。戻り荷に綿などを積んで帰って，これらを各地に販売し次第に富を蓄積していった。そのかたわら日田商人は，代官所と各藩との公用を取りつぐ役目も果たしていた。そのうちの最も有力な商人が掛屋[6]に選ばれた。

　当時，財政難にあえぐ九州諸藩は日田商人の富裕さに目をつけ，借財を申し入れた。求めに応じて諸藩に貸付けたが，その貸金[7]には，郡代の威光によって貸倒れがなかったので，莫大な利益が生まれた。これにより日田は全国でも

屈指の経済的な繁栄を見たのである。

2 文化的遺産

(1) 廣瀬淡窓旧宅及び墓[8]（国史跡）

　廣瀬淡窓旧宅は，全国から集まった約5,000人の門下生を輩出した，教育者廣瀬淡窓[9]の旧家である。旧宅は魚町通りを挟んで南北に分かれている。淡窓は北を「北家」（廣瀬家では本宅），南を「南家」（廣瀬家では向宅や向屋敷）と呼び分けていた。敷地面積は「北家」が1,308.11㎡，「南家」は隠宅庭園を含めて859.95㎡の合計約2,168.06㎡である。

　廣瀬淡窓は近世日本最大の私塾「咸宜園（かんぎえん）」において，学業成績評価表である「月旦評（げったんひょう）」や規則正しい塾生活のための「規約」，塾や寮を運営させる「職任（しょくにん）」といった独自の教育制度を生み出し，かつ実践したのである。

　私塾「咸宜園」や塾と共生したまち「豆田町」などの，近世日本の教育遺産群が，わが国の文化・伝統を語る歴史的魅力にあふれた文化財として平成27年4月24日，文部科学大臣から日本遺産[10]に認定された。

(2) 草野本家（国指定重要文化財）

　草野本家は建物と庭園全てが，国指定重要文化財である。日田・草野氏は古くは古代筑後国の領主であり，その子孫が12世紀に筑後国の国司，押領使に任ぜられ竹井城主となり，その後，発心城主となった。1588（天正16）年豊臣秀吉の九州征伐の際に落城し，一族は九州各地に離散した。その一部が日田の草場に逃れて移り住んだといわれる。

　草野家は屋号を升屋といい，1641（寛永18）年に豆田町に移り住み，元禄年間（1688～1704）に，現在地に屋敷を構えたという。江戸時代後期には製蠟業（せいろうぎょう）を営むとともに，郡代御用達の掛屋をつとめるほか，窮民の救済や治水等の公益事業にも尽力した。

(3) 咸宜園（国指定史跡）

「咸宜園」は，江戸時代後期，儒学者・廣瀬淡窓が日田に開いた日本最大規模の私塾である。徹底した実力主義と学力を客観的に評価（月旦評），塾生に自治を任せ社会性を身につけさせるなどの独自の教育方法が評判となり，全国から5,000人を超える入門者を集めた。淡窓は，身分や階級制度の難しい時代にあって，学歴・年齢・身分を問わず，すべての門下生を平等に教育した。1897（明治30）年の閉塾まで80年の間に，蘭学者・高野長英や兵学者・大村益次郎など，偉大な人物を輩出した。現在，塾の跡には居宅や書斎が保存・公開され，「近世の教育遺産」として世界遺産への登録を目指している。既に，2015（平成27）年4月24日に，「近世日本の教育遺産群－学び心・礼節の本源－」として日本遺産に認定された。

(4) 日本丸館[11]（にほんがんかん）

日本丸館は薬種商を営んでいた岩尾家が店舗としていた3階建ての建物で，現在は薬の資料館になっている。「日本丸」とは，岩尾薬舗が製造・販売した漢方薬処方の赤い丸薬（がんやく）のことである。

入母屋造・平入の巨大な主屋を有する3階建てで，明治・大正時代の建造物といわれている。銅板葺きの家屋は珍しく，間取りも本舗として栄えた商家の様子を伝えている。3階の展望楼からは，豆田町界隈が一望できる。

1925年（大正14）年に開校した日田家政女学校（現，昭和学園高校）の創設者である岩尾昭太郎は，この日本丸館の経営者であった。

(5) 長福寺本堂（国重要文化財）

長福寺（浄土真宗）は，1631年（寛永8）年の創建で，1637（寛永14）年に現在地に移った。長福寺本堂は1669（寛文9）年に建てられたが，真宗寺院の建築様式による全国的にも貴重な建造物である。

長福寺には，ほかに1700（元禄13）年の灯籠，1777（安永6）年の鐘楼，1726（亨保11）年の堂灯明堂（じょうとうみょうどう），1735（亨保20）年の経蔵など，

江戸時代の建造物が残っている。また広瀬淡窓の自伝「懐旧楼筆記（かいきゅうろうひっき）」によると，長福寺は淡窓が幼少のときに学び24歳のとき，「長福寺学寮」を借りて開塾したところとして知られている。当塾出身の僧侶が，京都の高倉学寮（東本源寺）の講師となるなど，日田における学問の中心であった。

(6) 豆田町[12]（重要伝統的建造物群保存地区）

豆田町は，2004（平成16）年，「九州における旧幕府領地で近世初期の町割をよく残す商家町」として，重要伝統的建造物群保存地区に指定された。江戸時代初期から昭和時代初期にかけて，商人の町として繁栄し，各町ごとに特徴のある多様な建築様式の町屋や，時代によって意匠に特徴ある建造物を残している。

豆田町は，1593（文禄2）年に築城された日隈城（ひのくまじょう　日田市亀山町）と，1601（慶長6）年にその北方に築城された丸山城（永山城，日田市丸山）との間につくられた町人地の発展により形成された。元和（げんな）年間（1615〜24）には，南北2本，東西5本の通りによって，整然とした町割が行われている。

1639（寛永16）年に，日田は幕府の直轄地（幕府領，天領）となり，九州における政治的に重要な地位を占めるとともに，いわゆる日田金（ひたかね）を扱う豪商らが活動する経済の中心となった。博多屋（広瀬家），丸屋（千原家），升屋（草野家），俵屋（合原家）らの豪商が集住し，その資金力により金融業などを営んでいた。

保存地区は，東北約360m・南北約470m，面積10.7haの範囲で，近世城下町築造時およびその後の拡張時の整然とした町割や，江戸時代前期に建設された水路が残っている。江戸時代・明治時代の大火を契機に，居蔵造の町屋が増加し，明治時代には，洋風の意匠を取り入れた町屋が建てられた。切妻造・平入2階建てを始め，長屋建て，入母屋造・妻入2階建ての居蔵造商家など，多様な町屋主屋が，さらに醸造用の土蔵，近代の洋館，3階建ての主屋や蔵など

図表1－2　日田市豆田地区観光まちづくりの沿革

年	観光まちづくりの沿革
1976（昭和51）	石丸邦夫氏が中心となり，「日田の明日を考える会（15人）」を設立して，観光立市を考える。
1977（昭和52）	石丸邦夫氏をはじめとする4人で飛騨高山に見学に行く。「モノから心への変化」を感じる。
1978（昭和53）	天領まつりの開催を計画，自治会・商店街と市に要望。
1979（昭和54）	第1回天領まつり始まる。「天領日田を見直す会」を設立（会員約100人）。
1982（昭和57）	石丸邦夫氏，「珈琲談議所　嶋屋」開店。石丸邦夫氏，日田市の3つの歯車（豆田地区・駅前地区・隈地区）論提唱。
1983（昭和58）	豆田街並保存推進協議会発足。「豊の国作り塾」始まる（大分県一村一品運動）。
1984（昭和59）	第1回天領日田草野本家ひなまつり始まる。廣瀬資料館開館。
1988（昭和63）	「天領日田資料館」開館。
1989（平成1）	隈町も「ひなまつり」を始める。
1990（平成2）	嶋屋本家人形公開。
1992（平成4）	豆田地区「夢」づくり委員会発足。第1回豆田町酒蔵コンサート始まる。
1993（平成5）	「日本丸館」開館。
1994（平成6）	「市山亭懐古館」開館。
1995（平成7）	豆田地区施設観光連絡協議会発足。「クンチョウ酒造資料館」オープン。石丸邦夫氏，日田市観光協会会長に就任。21世紀は3カン時代，「環境・観光そして感動」を提唱する。
2001（平成13）	国土交通省選定「美しい街並大賞」受賞。
2004（平成16）	豆田町が「国指定重要伝統的建造物群保存地区」に選定される。
2005（平成17）	天領まつりの夜，竹灯籠の祭典「千年あかり」始まる（神秘的，物語性への転換）。
2008（平成20）	豆田上町電線地中化完成（県事業）。
2009（平成21）	草野本家，国指定重要文化財。
2010（平成22）	国土交通省選定，手づくり故郷賞を「千年あかり」受賞。

（出所）　石丸邦夫氏からご提供頂いた資料により筆者作成。

が，変化に富んだ町並みを形成している。

　以上のような文化遺産を地域の観光資源として活用して，観光まちづくりを推進している（図表1－2参照）。

第5節　日田市豆田地区における観光の現状

　日田市の観光客は，2005（平成5）年をピークに減少傾向にあり，宿泊は入込み客数の1割にも満たない厳しい状況にある。こうした状況の中で日田市は，年間1,700万人もの観光客が訪れる九州屈指の観光地である阿蘇や，全国的にも人気の高い由布院などをバックヤードに抱え，また，九州最大の都市である福岡都市圏に近いという地の利を活かして魅力ある観光地づくりを進め，日帰りレジャー客や宿泊客，そしてリピーターを増やし，経済効果を高めていかなければならない。

　豆田地区においては，1975（昭和50）年以降，天領まつり開始（昭和54年），草野本家おひなまつり開始（昭和59年），廣瀬資料館開館（昭和59年），重要伝統的建造物群保存地区選定（平成16年），千年あかり開始（平成17年）など観光客誘致の取り組みを行い，2005（平成17）年には観光客が約68万人となり，観光客増加とともに店舗数も増加し，2009（平成21）年には119店舗（昭和51年は約40店舗）となった。

　豆田地区の観光入込み数は，日田市全体と同様に2005（平成17）年をピークに減少傾向にある（図表1－3，図表1－4参照）。しかしながら，2015（平成27）年4月24日，近世日本最大規模の私塾「咸宜園」や塾と共生したまち「豆田町」などの教育遺産群が，我が国の文化・伝統を語る歴史的魅力にあふれる文化財として，日本遺産に認定された。豆田地区は，今後これを起爆剤として多くの観光客を誘致することとしている。

図表1－3　日田市豆田地区観光動態調べ（その1）

(単位：人)

年	入込客数	対前年比 (小数点以下 四捨五入)	備　　考
昭和54	－	－	＊第1回「日田天領まつり」開催（S54.10）
55	－	－	
56	－	－	
57	－	－	
58	－	－	＊豆田地区町並み保存推進協議会発足（S58.2）
59	30,790	－	＊「草野本家おひなさま公開」（S59.3） ※「天領日田おひなまつり」に繋がる。
60	48,920	159%	
61	77,600	159%	＊豆田地区の祇園山鉾復活（H2年には、豆田4町の山鉾が揃う）
62	92,800	120%	
63	105,000	113%	＊「天領日田資料館」開館（S63.7）
平成元	132,759	126%	
2	178,376	134%	
3	191,948	108%	
4	203,411	106%	
5	206,669	102%	
6	245,311	119%	
7	250,520	102%	
8	273,670	109%	
9	288,944	106%	
10	273,160	95%	

（出所）　データは日田市商工観光部観光課。

第１章　観光まちづくりによる地域再生

図表１－４　日田市豆田地区観光動態調べ（その２）

(単位：人)

年	入込客数	対前年比 (小数点以下 四捨五入)	備　　考
平成11	303,735	111%	＊「御幸通り」電線の地中化工事開始（H11.10）
12	330,460	109%	＊「御幸通り」電線の地中化工事終了（H12.7）
13	438,395	133%	＊国土交通省の「美しいまちなみ大賞」受賞（H13.10） （日田市・豆田地区町並み保存推進協議会が受ける）
14	502,850	115%	
15	530,899	106%	
16	447,065	84%	＊豆田地区が国重要伝統的建造物群保存地区に選定（H16.12） （この年は，台風等の災害の影響により観光客数が減少）
17	682,849	153%	＊「第１回千年あかり」開催（H17.10）
18	629,650	92%	＊「長福寺本堂」国重要文化財指定
19	626,192	99%	
20	596,530	95%	
21	592,134	99%	＊「上町通り」電柱地中化完了（H21.2），「草野家住宅」国重要文化財指定
22	579,746	98%	＊「咸宜園教育研究センター」開園（H22.9）
23	352,886	61%	
24	315,401	89%	
25	299,378	95%	
26	319,112	107%	

(出所)　データは日田市商工観光部観光課。

第6節　観光まちづくりの課題

1　観光的魅力の持続

　観光まちづくりに着手しても，観光客が一時的に訪れるだけでは，観光振興や本当の意味の地域振興にはならない。大分県日田市の場合は，春に「おひなまつり」，夏に「日田川開き観光祭」「日田祇園祭」，秋に「日田天領まつり」「千年あかり」，冬に「日田温泉」と季節ごとに観光的魅力を高めている。また，従来からの文化遺産の公開に加えて，新たに教育遺産の公開により，観光的魅力の持続を図っている。何度でも来訪してもらうためには，本物であること，歴史的価値のあること，人間の本能的部分をついていることなど不易な地域資源を見つけ出すことが必要である。

　いずれにしても，重要なのは，観光資源の市場性を様々な面から検討しなければならない点である。いくら魅力的で価値あるものだと考えても，市場性，つまり誘客力を有しているかという点が問題である。

2　観光まちづくり関係者の組織化

　観光まちづくりの構想を実現するにあたり，「まち」が一丸となって取り組む体制が必要である。観光まちづくりの実践の主役は住民であり，その実践のため観光まちづくり関係者（stakeholder）を組織化しなければならない。いろいろな人や組織が関与するが，それらの人や組織が観光まちづくりの目標達成に向けて有効な連携ができるように，観光まちづくりのための組織化が重要となる。

　日田市の場合は，1976年設立の「日田の明日を考える会（会員15人）」，1979年設立の「天領日田を見直す会（会員約100人）」によって，「まち」の方向性が検討された。その後，実践段階で「天領まつり実行委員会」，「千年あかり実行委員会」等に結集し，観光まちづくりが推進されている。

3 ホスピタリティの向上

　観光客は日常生活圏を離れて不慣れな場所におり，不安や不便さを感じている。このような観光客の不安や不便さなどのストレスを取り除き，快適性を高めるよう対応しなければならない。

　魅力的な観光資源，面白い観光施設であっても，そこで働く従業員にホスピタリティが感じられなければ，観光客の十分な満足は得られない。またホスピタリティが求められるのは，ホテルや旅館，飲食店，資料館といった観光施設の従業員の応待もさることながら，案内標示（日本語のほか英語・中国語・韓国語など）や景観の美しさといった部分も必要である。さらに，外国人や若者に興味を持ってもらうためにはスマートフォン（スマホ）を活用した案内も望まれる。例えば，アプリをインストールすることにより，詳細な説明がうけられるようにすること等が考えられる。日本語のほか英語，中国語，韓国語などに対応できるといっそう有効である。

　近年の観光は，その地の生活文化を体験するところまで広がっており，地域住民と観光客の関わりの中にもホスピタリティが求められる。

　筆者が日田市豆田地区で感じたホスピタリティは公共施設，公園，資料館のトイレ等，使用できるトイレが多い点である。頻尿の高齢者にとっては大変ありがたい対応である。また，廣瀬資料館，咸宜園跡（秋風庵），豆田まちづくり歴史交流館，日田祇園山鉾会館などでは，単に展示を行っただけでなく，関係事項について詳しい説明を行っており，来館者の理解・関心を高めるよう努めている。

　以上，(1)観光的魅力の持続，(2)観光まちづくり関係者の組織化，(3)ホスピタリティの向上の３点が，観光まちづくり推進に当たって重要であることを指摘した。

謝　辞

　本章の執筆に当たっては次の方々から貴重な情報を頂いた。記して感謝の意を表したい。

・石丸邦夫氏（珈琲談議所　嶋屋　店主／前日田市観光協会会長）
・中嶋美穂氏（日田市企画振興部ひた暮らし推進室長）
・冨安裕子氏（クンチョウ酒造株式会社専務取締役／日田市観光協会会長）
・木下　周氏（日田市観光協会事務局長）

〔注〕

1) 「報告書」には「観光まちづくり」の言葉は用いられていないが，観光まちづくりの方針が盛り込まれている。
2) 江戸時代における江戸幕府直轄領のこと。各諸藩の大名が支配する大名領と異なり，幕府財政の供給源となるところ。
3) 1976年「日田の明日を考える会」を設立し，足下を根本より見直す勉強会を開催。以降，一貫して日田市の町並みを活用した個性的な商店街づくりを提唱するとともに豆田町の活性化に取り組む。現在，珈琲談義所「嶋屋」を経営。1995年より2015年まで日田市観光協会長。
4) 職務は代官とほぼ同じである。代官は5万石以上の支配であるが，郡代は10万石以上とされた。代官より身分・格式が上で，江戸中期以降，関東（江戸），美濃（笠松），飛騨（高山），西国（日田）の4か所に4郡代が置かれた。
5) 豊後を中心とした広大な天領の支配だけでなく，九州各地を治める大小32を数える諸大名（外様雄藩の島津氏，細川氏，鍋島氏，黒田氏など）の監察があった。具体的には，その領国内で租税・訴訟・民事一切が正しく行われているかチェックする任務を帯びていた。
6) 日田の有力な商人は九州の天領地の年貢の取り扱いや郡代役所の経理金融を担当し，同時に郡代と各藩の公用を取りつぐ御用達（ごようたし）を務めた。御用達は両替商を営み，お金を秤に掛けたので「掛屋」とも呼ばれ，天領日田では廣瀬家など八家を掛屋と称し，その活躍は「九州諸藩の銀行」といわれた。
7) この賃金のことを「日田金」と呼んだ。
8) 昭和23年1月14日に国の指定を受けている「廣瀬淡窓墓」（別名　長生園）に，新たに「廣瀬淡窓旧宅」を追加指定し，名称を「廣瀬淡窓旧宅及び墓」と変更して文部科学大臣より指定された。
9) 廣瀬淡窓
　　1782（天明2）年，第5世桃秋の長男として淡窓は生まれた。2～6歳の間は伯父の第4世月化夫婦に預けられ，堀田村の秋風庵で育てられた。1787（天明7）年，

6歳の時,博多屋の父母のもとに戻り暮らすことになり,父桃秋から書や「孝経(こうきょう)」「大学」「論語」などの句読(文章の読み方)を習っている。淡窓は,学問の素地を伯父月化に培われ,学問の道を父桃秋連れられて歩み始めた。

14歳の時には,教えを受けた松下西洋が佐伯藩の藩校学頭に就任していたので,佐伯を訪ね,教えを受け4か月を過ごした。1797(寛政9)年,16歳の時,福岡の亀井塾に入門し,亀井南冥・昭陽親子に師事した。しかし,大病を患い,わずか3年で帰郷することになった。

10) 日本遺産とは文化財を活用し,観光振興や地域活性化を図ることを主な目的として,文化庁が平成27年度から創設した制度である。地域に根付き,世代を超えて受け継がれている歴史的魅力にあふれた文化財群を,共通テーマにまとめ,我が国に文化・伝統を語る「日本遺産」として認定するものである。日田市の「咸宜園跡」は,茨城県水戸市の藩校「旧弘道館」,栃木県足利市の「足利学校跡」,岡山県備前市の「旧閑谷学校」などと共に「近世日本の教育遺産群－学ぶ心・礼節の本源－」として認定された。
11) 大分県高等学校教育研究会地域歴史科・公民科部会編『大分県の歴史散歩』山川出版社,2008年,p.143。
12) 同上書　pp.140～142。

【参考文献・資料】

(1) 安村克己『観光まちづくりの力学－観光との地域の社会学的研究－』学問社,2006年。
(2) 瀧本徹「第4章　観光立国の推進と地域活性化」,橋本行史編著『地方創生の理論と実践－地域活性化システム論－』創成社,20015年。
(3) 十代田朗編著『観光まちづくりのマーケティング』学芸出版社,2010年。
(4) 西田安慶・片上洋編著『地域産業の振興と経済発展－地域再生への道－』三学出版,2014年。
(5) 山下柚実編著『五感楽しむまちづくり』学陽書房,2011年。
(6) 木下斉『まちづくりの経営学養成講座』学陽書房,2009年。
(7) 諸富徹『地域再生の新戦略』中央公論新社,2010年。
(8) 橋本行史編著『地方創生の理論と実践－地域活性化システム論』創成社,2015年。
(9) 安田信之助編著『地域発展の経済政策－日本経済再生へむけて－』創成社,2012年。
(10) 鈴木浩・山口幹幸・川崎直宏・中川智之編著『地域再生－人口減少時代の地域まちづくり－』日本評論社,2013年。
(11) 電通abic　project編『地域ブランドマネジメント』有斐閣,2009年。
(12) 国土交通省観光庁編『観光白書(平成27年版)』日経印刷株式会社,20015年。
(13) 日田市七十年史編集委員会『日田市七十年史』日田市,20013年。
(14) 大分県日田市『日田市観光振興基本計画－森と歴史が済む水郷ひた－』日田市商工観光部観光課,2013年。
(15) 西日本新聞『千年あかり10年－連載2014年11月17日～13日－』

⒃　廣瀬本家『国史跡　廣瀬淡窓旧宅及び墓』廣瀬貞雄，2013年。
⒄　日田商工会議所70周年記念誌部会『日田商工会議所70年のあゆみ－地域と歩んだ70年今，新たなステージへ－』日田商工会議所，2010年。
⒅　製作委員長小山輝夫『かたんない日田祇園』大和町三丁目棒鼻会。
⒆　大分県高等学校教育研究会　地理歴史科・公民科部会編『大分県の歴史散歩』山川出版社，2008年。
⒇　寺井一弘『まちづくり権－大分県日田市の国への挑戦－』花伝社，2004年。
(21)　石原武政・西村幸夫（編）『まちづくりを学ぶ－地域再生の見取り図－』有斐閣，2010年。
(22)　池田潔（編著）『地域マネジメント戦略－価格創造の新しいかたち－』同文館，2014年。
(23)　久繁哲之助『競わない地方再生－人口減少の真実－』時事通信社。2016年。
(24)　清丸恵三郎『地方の未来が見える本』洋泉社，2016年。

第2章 産業観光に向けて燕三条地域の取り組み

第1節　燕三条地域の特色

　燕三条地域は，新潟県のほぼ中央に位置し，県央と呼ばれる地域のなかにある。また，燕三条地域は，県庁所在地で新潟県一の人口を誇る80万都市である新潟市と県内人口第2位の長岡市に挟まれた形で位置しており，燕市と三条市の両市を合わせた地域を指す。人口は，両市合わせて182,696人（2015年12月時点，燕・三条両市役所ホームページより）であり，両市に共通した特色として，金属製品など日本有数の「ものづくりの街」として知られている。また，両市一帯には田園風景が広がっており，越後平野の一端をなす日本有数の穀倉地域（米どころ）でもあり，コシヒカリの一大生産地でもある。その他，野菜や果樹などの栽培が盛んなところであるとともに，最近では，「燕三条系ラーメン」として代表される背油ラーメンも人気があり，「製品としてのものづくり」＋「食品としてのものづくり」といった形でまさに「ものづくりの街」なのである。
　特に，燕三条が製品としての「ものづくりの街」として発展してきた理由として，燕は世界的に知られている洋食器の生産地であり，また，刃物やハウスウエアのような金属製品が数多く生産されており，三条では，三条鍛冶として発展してきた刃物をはじめとする鍛冶製品や金型・プレス加工品から日用道具の工具類まで金属加工製品が生産されるといった形で金属関連製品における一大産業集積地となっていることが挙げられる。特に，燕の洋食器のなかでもカ

トラリー製品（食卓のナイフやフォーク，スプーンなど）は，ノーベル賞授賞式の晩さん会にも使用されるほどの製品であり，世界にその名を轟かすほどの優れた技術がある。

　燕三条は，そのようなカトラリー製品にみられるステンレスを中心とした金属加工を得意としており，なかでもステンレス製品の研磨技術は，世界水準の技術を誇っている。特に，研磨の技術を活かしたプロ集団「磨き屋シンジケート」が組織されており，Apple社のiPodなどの製品に磨きの技術が活かされている。その磨きの技術の象徴として，燕三条地域の産業の研究施設であり，またPR施設としても活用されている公益財団法人燕三条地場産業振興センター（以下，燕三条地場産センター）・リサーチコア内においてボディーがピカピカに磨かれた自動車が展示されている。

　このように燕三条地域は，ものづくりに関わる企業が多数集積した一大産業集積地であり，そのほとんどが中小企業で占められており，中小企業の集積と金属加工技術のネットワークの結びつきにより地域産業を形成している地域である。

第2節　「ものづくりの街」燕三条と地域ブランドづくり

　前述のとおり，燕三条地域は，日本屈指のものづくりの街として知られており，日本の製造業を下支えしている地域であるといっても過言ではない。特に，ここ近年の燕三条地域は，それぞれの製品を「燕ブランド」「三条ブランド」として全国に売り出す一方において，「燕三条ブランド」という両地域にまたがる地名を活かした地域ブランドの構築を推進させている。

　そこで，本節では，ものづくりの街である燕三条が「燕三条ブランド」という地域ブランドの構築を推進する背景やブランディング手法について考察する。

第2章 産業観光に向けて燕三条地域の取り組み

1 燕三条ブランド推進の背景

「燕」「三条」両市の地名が存在し，また前述のとおり，「燕ブランド」「三条ブランド」といった地域ブランドが存在するなか，本地域はなぜ「燕三条ブランド」にこだわり，「燕三条ブランド」という地域ブランドを構築・推進しているのであろうか。

その答えの1つが，本地域ならではの地域性にあると筆者は考える。燕も三条も似たような性質を持つ地域であり，これまでお互いに独立性を保ちつつも，「持ちつ持たれつ」の関係を築いてきたことがある。それでは，合併して「燕三条市」にすればよいのではないかといった意見も現実において存在する。実際，1997年に「燕青年会議所」と「三条青年会議所」が合併し，「燕三条青年会議所」へと統合し，一気に両市の合併の話が盛り上がったが，その後，平成の大合併においても両市と近隣の町村合併はそれぞれあったものの，両市が合併することはなかった。

つまり，合併しないあるいは合併できないわけには，両市民に「ものづくりの街」としての誇り（プライド）があり，それぞれ両市の郷土愛や地域愛といったものが大きく関わっているのではないかと筆者は考える。その表れが，両市にまたがる上越新幹線の駅名は「燕三条駅」であり，そのすぐ脇を走る北陸自動車道のインターチェンジは「三条燕IC」と名付けられており，両市民がお互いを尊重すると同時にライバル意識も高いものと考えられる。

そもそも，燕・三条両市のものづくりの街としての特徴には，明確な違いがある。前述のとおり，燕は，ステンレス等の金属加工業者が多数存在し，特にカトラリーに代表される洋食器は，国内生産シェア9割以上を占めるとともに，研磨やプレス金型などの金属加工業者が多数存在し，「職人の街」として，また金属加工の産業集積地として発展してきた。一方，三条のものづくりは，古くは，17世紀初頭の和釘製造から始まり，その後，三条鍛冶として，鎌(かま)や包丁などの刃物鍛冶の発展を遂げている。また，自動車部品の金型や工具類や爪切りといった生活用品などのものづくりが行われ，今日に至っている。特に，金

物の生産拠点であり，鍛冶職人たちが作った製品を取り扱う卸売商（問屋）や小売商も発達し，鍛冶職人と金物商人などとの結びつきが強くなることで，「商人の街」としても発展してきた地域である[1]。

このように，燕・三条とも「ものづくりの街」という意味では共通しているが，三条は，「商人の街」としても発展してきたため，燕や三条のものづくり製造業と三条の卸・小売業の補完関係が構築しやすい関係にもあったと推察される。

そこで，最近になって，補完関係にある燕と三条が新たな地域名の「燕三条」を定着させるために，ブランディングが行われるようになったのである。

2　燕三条ブランドのブランディング手法

燕三条ブランドに関する管理主体者は，燕三条ブランド推進室であり，燕三条ブランドのブランディングを推進している。当推進室は，2009年4月に，燕市・三条市両市の共同出資によって設立された燕三条地場産センター・リサーチコア内に設置されている[2]。

また，当推進室は，燕三条ブランドを構築するに当たり，地域ブランドを次のように捉えている。

「地域と地域の商品やサービスを高めることによって，相乗的に地域と製品・商品の双方のイメージが向上すること。そして地域に対する消費者からの評価を高め，イメージを作り上げること。」[3]

そのような認識のもと，当推進室では，燕三条ブランドとは「燕三条地域の知名度を上げ，農商工全ての地域産業の活性化を図るため，燕三条の地域ブランドの確立を目指すもの。」[4] と捉えている。

さらに，当地域が金属加工技術の集積地であるとともに農業も盛んであることから，その双方を融合させ，1つの価値ある地域ブランドとして，「オーガニックなライフスタイル」を，「工業と農業」，「伝統と最先端」のものづくりが共存する燕三条ならではの価値観で創り上げていくことを目指している。また，燕三条ブランドを確立するため，「燕三条プライドプロジェクト」といっ

た取り組みを2013年から開始している。当プロジェクトは複数のグループ・プロジェクトから構成されており，それぞれのプロジェクトの相乗効果により，燕三条ブランドを確立し，燕三条の魅力を表現するライフスタイルを創り上げ発信していくことを目指している。具体的には，「プロダクトグループ」（オーガニックな野菜・食材・水・酒，洋食器，鋳鉄テーブルウエア，「男のキッチンツール」などの開発や展示会などによる燕三条のPRのためのプロジェクトを実施），「レストラングループ」（朝の農園での農業体験や朝食を楽しむ「燕三条 畑の朝カフェ」事業を展開し，農園主や地元農作物・使用する地元生産のカトラリーなどのブランディングのためのプロジェクトを実施），「ツーリズムグループ」（「まちあるき」などの着地型（参加型）観光5)や自然・里山体験などグリーンツーリズム6)，伝統工業製品の工場見学などの産業観光7)といった事業を通じて燕三条ブランドを体験してもらうためのプロジェクトを実施），「プロモーショングループ」（燕三条ブランド事業のPRの他，ブランド・イメージの発信につながる事業の企画立案実施のためのプロジェクトを実施）がある8)。

写真2－1　燕三条ブランドマーク

（出所）　公益財団法人燕三条地場産業振興センターホームページ
　　　　http://www.tsjiba.or.jp/support/brand/（2016年1月20日アクセス）。

また，燕三条ブランドの象徴として，写真2-1のように「燕三条ブランドマーク」を創作している。その意味するところは，自然と共生するオーガニックな世界観を現代版花鳥風月の紋様で表現しており，「燕三条」という日本語の代わりに絵で燕を表し，下の線で信濃川，中ノ口川，五十嵐川の3本の川を表したものとなっている。また，三条の「三」も意味している。このマークは，製品，農産物，事業及び媒体のうち，一定の基準を満たしたものに対して，申請，認証を経て，使用してもらうことで，燕三条ブランドの認知度の向上やブランディングに役立てている9)。

　また，当推進室では，特に，「燕三条ブランド」という地域ブランドにおいて，そのコンセプトを「ものづくりの街」とし，その認知，浸透，定着に力を入れている10)。

　さらに，燕三条ブランドのブランディングの必要性ついて，当推進室では，「地域（地域イメージ）も商品におけるブランド効果（他社との差別化により市場などでの位置づけが明確化し，競争相手に対して優位性を確保できるメリット）と同様に，将来の社会情勢を見据えた地域間競争で優位に立つための取り組みが必要である。」11)との認識を示している。さらに，地域ブランドを構築することで，住民や企業・生産者にとって，地域イメージが向上する（ブランド化される）ことは居住地や立地のイメージを各事業のPRにも活用でき，地域住民にとっても地域の評価が高まることで地元への愛着心の醸成を図るとともに，取り組みへの参加などを通じて，地域資源の再認識の機会になるなどのメリットがあるとしている12)。

　このように燕三条地域のブランディングは，ものづくりを担う人や技術，それらによって生産されたものそのもの，それを製造する工場また，食としての米，野菜，果樹というもの，それらを育てる人や技術また田畑といった多様な地域資源をうまく組み合わせることで燕三条発のブランドを構築し，それによって地域のブランディングを行っていることが最大の特質であると筆者は考える。

　そこで，次節において，燕三条のブランディングにおいてキーコンセプトと

なる産業観光という視点から特に刃物産業に焦点をあて，その取り組みついてケース・スタディを行うことにする．

第3節　産業観光における燕三条の取り組み
　　　　－刃物産業を中心に－

1　燕三条地域と刃物産業

　燕三条地域の重要産業の1つに刃物がある．刃物とは，刃がついており，物を切ったり削ったりする道具のことである．その種類は包丁，ナイフ，小刀，剃刀，ハサミ，爪切り，鉈，鎌など多岐にわたる．包丁も大きく分けて和包丁と洋包丁があり，和包丁としては，出刃包丁，薄刃包丁，菜切り包丁，刺身包丁，三徳包丁（万能包丁），鮪包丁，麺切包丁など多数ある．また，洋包丁も，牛刀，カービングナイフ，スライサー，パン切り包丁など多数ある．

　燕三条は，堺（大阪），関（岐阜），越前（福井），三木（兵庫），土佐山田（高知）などと並び全国でも有数の刃物産地を形成している．特に，燕三条地域には，江戸時代から続く三条鍛冶や研磨の技術を活かし，三条では「打刃物」の和包丁が中心であり，燕はプレスで片抜きをした洋包丁が中心となる[13]）．

　特に，三条の「打刃物」の製造は，古くは，江戸時代初期の検地帳に「鍛冶町」の名が見られ，多くの鍛冶職人たちが三条に集まり職人街を形成し，活発な活動を行っていた．また，当時，三条周辺では，積極的な新田開発が行われており，その際使用されたとされる「鎌」や「鍬」など土農具を中心とした刃物製造が発展した．その後，信濃川の河川交通を利用した商業が発達したことにより，会津など他産地との交流，金物商人を通じた関東などの消費地との情報交流などを通じ，「鑿」，「鉋」といった大工道具や，「包丁」，「切出」など多様な製品を生み出していった．また，三条の刃物は，「越後三条打刃物」と呼ばれ，2009年4月に経済産業大臣により，伝統的工芸品の指定を受けている．指定品目としては，「包丁」「切出小刀」「鉋」「鑿」「鉈」「鉞」「鎌」「木鋏」

「ヤットコ」「和釘」の10品目が挙げられている。なかでも，和釘については，江戸時代の終わり頃には，江戸の街の建築を支える一大産地となるほどの生産量を誇っていた[14]。

また，三条では，2008年に地元の27の事業所，37名の会員からなる鍛冶職人を中心に「越後三条鍛冶集団」が結成されており，伝統工芸士による優れた質のよい「越後三条打刃物」の技術を継承している。また，地域貢献として，後述する「三条鍛冶道場」を拠点に，一般市民を対象にした「切出小刀づくり」や「包丁づくり」を定期的に行い，三条市が行う「新規鍛冶人材育成事業」で研修生を育成するなど幅広く多岐にわたって活躍している[15]。

さらに，燕三条を含む県央地域では，ものづくりへの地位向上とものづくりの技術・技能を継承し地場産業の振興に貢献する活動を支援する目的で，「にいがた県央マイスター制度」を取り入れている。新潟県三条地域振興局では，選考委員会における審査で推薦された新潟県央地域の高度熟練技能者を局長が「にいがた県央マイスター」に認定している。2015年1月現在，27名が認定されており，なかには伝統的鍛冶技術マイスターとして，鋏や包丁など刃物製造の技術者も含まれている。認定者（マイスター）たちは，自らが企画するものづくり体験教室「マイスター塾」や工業高校・テクノスクールの外部講師など「にいがた県央マイスター」が行う技術・技能継承活動などにおいて，地場産業振興の一翼を担っている[16]。

このように，燕三条地域は，金属加工を中心に約600年にわたる「モノづくり」を行ってきた地域であり，なかでも刃物産業は，その中心的役割を果たし，現在においても，技術の継承と後継者の育成を制度として取り組むなど，地域の発展と刃物産業が密接に関わってきた地域なのである。

2　燕三条の産業観光に向けてのケース・スタディ －刃物産業－

燕三条の産業観光に向けてのケース・スタディとして，特に，刃物産業を取り上げる。具体的には，ものづくり地域全体の取り組みとして，「燕三条工場の祭典」というイベントを，企業の視点から「藤次郎株式会社」（以下，藤

次郎）と「包丁工房タダフサ」（以下，タダフサ）の2社の刃物会社を，刃物職人の人材育成及び刃物における産業観光の拠点として位置づけられている「三条鍛冶道場」といった施設をそれぞれ取り上げ，考察する。

(1) 燕三条　工場（こうば）の祭典のケース

「燕三条　工場の祭典」とは，燕三条地域にある工場が，開催期間中，一斉に工場を開放し，訪れた方々に工場でのものづくりを体感してもらうイベントである。2013年10月から毎年開催され，第3回目が2015年10月1日から4日まで行われた。特に第3回目は，「全国産業観光フォーラムin燕三条」（全国広域観光振興事業2015）が10月1日に記念講演，分科会，交流会が，10月2日にエクスカーションとして「燕三条　工場の祭典」オフィシャル・ツアー・フォーラム限定コースが同時開催された。特に記念講演では，燕三条を代表する㈱スノーピーク代表取締役の山井太氏による「燕三条とスノーピーク」というテーマで講演が行われ，自社が行うオートキャンプやアウトドア専門用品の開発・販売を通じて燕三条の産業観光をリードする取り組みについての紹介がなされた。また，分科会では，3つの分科会で，燕三条の産業観光への潜在能力や将来性について活発な議論が行われた。

そのようななか，本イベントも同時に行われ，第3回目は「開け　工場！産地で過ごす秋の4日間」と題して，68の工場が一斉開放し，各工場で様々なイベントやワークショップが行われた。後述する，燕三条の刃物産業を担う「藤次郎」や「タダフサ」も当イベントに参加し，見学・体験できるイベントが行われた。また，4日間にわたり，オフィシャル・ツアーも企画され，テーマ別に厳選された工場を3か所程度巡るバスツアーに首都圏を中心に大勢の参加があった。

この祭典は，観光客やビジネス客が工場の見学や体験，ワークショップなどを通じて，日頃見ることが出来ない職人の技や刃物製品の作られるまでなどを見学したり，また実際に刃物を作る体験が実施されている。それらを通じて，職人の方とのコミュニケーションやものづくりの全容を肌で感じてもらうこと

で，新たな発見をしてもらい，ものづくりの良さを知ってもらうとともに，伝統技術を次世代に継承する担い手を増やしていく目的もある。

筆者も後述する「タダフサ」などの工場を見学し，製品の大きさに合わせて切断された鋼材を780～820℃の炉で赤くなるまで加熱し，スプリングハンマーでたたいて，強靭な刃にし，約20の工程を経て包丁になる姿を目の当たりにし，出来上がった製品を見て感動を覚えた[17]。

このように，本祭典は，ものづくり職人の方にとっては日常であることを，非日常である観光客やビジネス客に見せることで，新たな発見や感動をもたらし，共感を通じで産業観光に繋げていく取り組みである[18]。

(2) 藤次郎のケース

藤次郎は，燕市にあり，燕三条を代表する刃物企業の1つである。創業は，1953年11月であり，資本金1,100万円，社員75名である。2015年7月に社名を藤寅工業から藤次郎に変更している。事業内容は，庖丁（業務用・一般家庭用）・調理用品・機械特殊刃物・キッチン用品・キッチン鋏・農業用散布機ノズルの製造販売を主に行っている。主な製品ブランドは，藤次郎（和・洋包丁），Tojiro-Pro（オールステンレスナイフ・中華包丁），TOJIRO-Color（洋包丁），藤次郎閃光（洋包丁），Tojiro Supreme（オールステンレスナイフ），富士印庖丁（業務用専用洋包丁）などがあり，なかでも藤次郎という刃物が主力製品となる。特に，前述した社名変更は，主力製品の刃物ブランドである藤次郎をそのまま社名にしている。

また，2015年7月に同社株式会社設立後，50周年の節目を記念して「藤次郎刃物工房」敷地内に「藤次郎ナイフギャラリー」を開設した。同社製品の販売も可能なショールームの他，キッチンスタジオ，セミナールームを完備した複合施設として，ものづくりを発進する基地を展開している。当施設は，自社製品の販路やPRとしての役割だけでなく，「ものづくりの街　燕三条」を認知してもらうための産業観光の拠点として注目されている[19]。

藤次郎は，包丁の基本である「切れ味」を追求することを目指し，世界の食

文化を「道具」の面から支えることを使命としている。特に，伝統の技に磨きをかけるとともに，刃物の素材から吟味し，独創的なDP法（内部脱炭防止法）を開発し，技術開発への挑戦を続けている。また，一般家庭用からプロ仕様まで，日本だけでなく世界に向けて最先端の技術と伝統の技を融合した幅広い製品をそろえている。また，燕三条地域という刃物産地の一員として，「藤次郎ブランド」に誇りを持ち，道具と調理の橋渡し役としてのポジションを確立していきたいとしている[20]。

　さらに，産業観光の観点から，オープンファクトリー（自社工場の地域住民や観光客への見学開放）にも積極的である。予約をすれば，工場見学が可能であり，職人の技や刃物の作り方を生で見ることができ，「見せる工場」を実践している。また，前述した「燕三条　工場の祭典」などへの参加や燕三条地域で行われている様々なイベントに積極的に出展しており，燕三条のものづくりの認知度を上げるための取り組みを行っている。

　つまり，藤次郎は，刃物の製造業から製造小売業へと業態転換を果たし，オープンファクトリーへの積極的取り組みや販売・PRなどの複合施設であるナイフギャラリーの開設を通じて燕三条地域の産業観光に貢献している。

（3）包丁工房タダフサのケース

　タダフサは，三条市にあり，燕三条の刃物産業を代表する企業である。創業は，1948年であり，資本金2,700万円，従業員数は11名，手作りの包丁やまな板をつくっており，年商は1億円である[21]。三条は，鍛冶の歴史があり，初代曽根寅三郎が三条の地に創業して以来，「鍛冶の街三条」を牽引している企業の1つである。現在は，三代目の曽根忠幸氏が代表取締役を務めている。創業当初は，曲尺[22]で修業した鍛造技術を生かし，鎌，小刀，包丁といったあらゆる刃物を手掛けてきた。その後，漁業用刃物を製造するようになり，家庭用刃物，本職用刃物，蕎麦切り庖丁など用途別の刃物へと拡大していった。特に創業以来，客に「本当に良いもの」を提供すべく，すべての工程を職人の手作業で行うなど手作りへのこだわりがある[23]。

その「本当に良いもの」を作り続けた結果，2015年8月にはタダフサが，経済産業省主導で日本製品を世界に発信する"The Wonder 500"に選ばれ，海外からの問い合わせも相次いでいる他，イギリスの月刊誌でありグローバル情報誌ともいわれている"MONOCLE"（モノクル）の2015年11月号の"Besthomeware 25"（世界の家庭用品ベスト25）に選ばれ紹介されるなど，その実力は世界が認めるところとなっている[24]。

　また，タダフサは，2011年より経営改革に着手しており，中川政七商店社長の中川淳氏が進める伝統工芸企業コンサルティングビジネスによる提案・アドバイスを受けている。その中で価値創造の推進を実施している。その特徴として宮副（2014）によると次の2点を挙げている[25]。第1は，「品揃えをわかりやすくする」ことであった。特に，高い技術力を背景に，製品中心の企業であったため，顧客の要望に応じてつくられた製品は900種類以上にも上っていた。そのため，材料コストや製造コストが嵩み，余剰在庫によって経営を圧迫してきた。また消費者側からも豊富な商品は良いことであったが，逆に選びにくさも露呈していた。そこで，売れ筋100本に絞り込み，一般初心者用に万能包丁（中），（小）の2種類を，ステップアップした専門家用に万能包丁（大），出刃包丁（大），（小），刺身包丁の4種類を品ぞろえ提案することに変更した。

　第2は，「他のどこにもない代表商品の開発」であった。その1つにパン切りナイフがある。現在1年待ちという売れ行きであり，同社のヒット商品となっている。従来のパン切りナイフは，刃が波型になってパンくずが出やすい商品であったが，刃先の部分だけを波型に改良することで，切りやすく，切り口もシャープでパンくずが出ないものへと改良することで，使い方の提案も行っている。このことについて，宮副（2014）は，「和の包丁から洋の包丁へと製品をシフトすることで製品の用途を広げる改革であった。」[26]と指摘している。

　その他にも，顧客との良好な関係性を築くため，包丁を入れるパッケージを開発し，その中に「包丁問診票」を同封し，メンテナンスや研ぎ直しの有料サービスを行っている。そのことで，タダフサと顧客との信頼やロイヤルティ

を高めることができている[27]。

　また，産業観光を意識した取り組みとして，工場の隣に開設したファクトリーショップを2015年10月１日にオープンしている。包丁やまな板，砥石（といし）を展示販売している。特に，包丁については，壁に設置されたショーケース内にディスプレイされており，包丁の美しさを見事に演出している。

　その店舗の監修や設計には，コンサルタント会社やインテリアデザイナーが関わっており，「見せる店舗」を見事に演出している。また，工場見学も事前申し込みにより受け付けており，オープンファクトリーとして，「見せる工場（こうば）」を実施することで燕三条地域の産業観光へ貢献している。

(4) 三条鍛冶道場のケース

　三条鍛冶道場は，2005年に三条鍛冶により受け継がれた伝統技術とものづくり精神を次世代に継承し，新たに発展させるための研修施設として開設された。

　特に，三条は，古くから神社仏閣・城郭などで使用され，現在では，それらの修復復元には無くてはならない「和釘づくり」に始まる鍛冶の技術とものづくり精神あふれる地域であったため，1993年度に鍛冶職人たちが切り出し小刀づくりの体験講座「三条鍛冶道場」を開講し，鍛冶体験事業を行うなかで，当施設の創設がなされた。当施設の目的は，鍛冶や木工等に関わる後継者の育成や伝統技術の継承事業，市民をはじめ県内外からの研修学習施設として，ものづくり体験を実施し，燕三条地域の産業観光の発展に貢献している[28]。

　ものづくり体験には，和釘づくり（大人１名500円）と５寸釘によるペーパーナイフづくり（大人１名1,000円），包丁研ぎ（大人１人300円）などがある。和釘づくりでは，1,000年持つと言われる和釘について，「鉄を熱し，鎚で叩いて，形をつくる」を実際に行える。特に，解折釘（かいおれくぎ）（頭部が折れ曲がっている和釘）と巻頭釘（頭部が丸まってつぶれている和釘）の２種類の和釘づくりが体験できる。５寸釘によるペーパーナイフづくりでは，洋釘（５寸釘）を熱しながら打ち延ばし，「叩く，ねじる，削る，磨く」の工程を経て，ペーパーナイフへと変貌する過程を実際に体験することができ，マイ・ペーパーナイフを手作りでき

る29)。

　また，当施設では，伊勢神宮の式年遷宮に使用された和釘や金具の製造を請け負ったり，2015年にNHKで放送された大河ドラマのセットに当施設の職人が製作した和釘が使われているなどその実績の高さがうかがえる30)。

　さらに，人材育成にも積極的であり，三条市と連携し，鍛冶職を志す全国の精鋭のために鍛冶人材の募集を行っている。2011年度に3名，2013年度に1名，2015年度に1名採用し，鑿や包丁，鍬を作る工場などで一人前の職人になるべく研修を受けている31)。

　このように，三条鍛冶道場は，産業観光にむけて，地域住民や観光客のものづくり体験の拠点としての役割を果たすとともに，鍛冶技術の伝承や人材育成等の研修機関としても重要な施設として位置づけられている。

3　燕三条における刃物産業の今後

　燕三条における刃物産業は，現在，特に，三条鍛冶道場との連携を強め，各種イベントへの積極的な取り組みを行っている。具体的には，前述した，「燕三条　工場の祭典」との連携を図り，当イベントへの関連企業の積極的な関わりを促進させる役割を担っており，今後も刃物産業の発展において当イベントへの参加を続けて行く。また，ホームセンター業界最大の展示会である"JAPAN DIY HOMECENTER SHOW"（幕張メッセで開催）への出品も行っており，全国規模の展示会や即売会にも積極的に参加し，燕三条の刃物産業の認知度の向上と売上向上への貢献を行っている。

　さらに，三条市では，ふるさと納税の返礼品としての三条鍛冶産品の積極的活用を実践している。具体的には，包丁，鉈，三条鍛冶和釘デザインネックレス，爪切りなどの三条鍛冶産品が，返礼品の総額の約4割（2015年11月時点）を占めるなど，三条鍛冶産品は，地域以外の方々からも信頼されていることを裏付けている32)。

　このような現状を踏まえ，燕三条の刃物産業の方向性については，次の2点が挙げられる33)。第1は，海外への販路拡大による新市場の開拓である。国

内では，人口減少に伴う市場の縮小化が予想されることから，海外への販路拡大の積極化が考えられる。具体的には，フランス（パリ）で開催される「メゾン・エ・オブジェ Paris」，ドイツ（フランクフルト）で開催される「アンビエンテ」，シンガポールで開催される「メゾン・エ・オブジェ ASIA」といったトレードフェアへの出展が実施，計画されており，「燕三条ブランド」として刃物を中心とした燕三条産品の販路拡大を果たそうとしている。

第2は，国内市場の新規発掘である。具体的には，全国の道の駅やアンテナショップ，セレクトショップなど生活者との対面販売などの研究を行い，実践していこうとしている。

第4節　ものづくりを如何に産業観光に繋げられるか

本章では，地域産業を産業観光に結び付け，地域活性化を図るための地域ブランディングと地域で活躍する企業の経営戦略のあり方などについて，燕三条地域の主要産業である刃物産業のケースを通じて考察した。その結果，地域産業を活性化させるための企業の経営戦略とは，地域のブランディングと深く関わりを持つと同時に，自社のものづくりを如何に地域の産業観光に結び付けられるかという視点が必要であることを認識できた。つまり，ものづくりを行う企業が，地域で活躍するためには，「ものづくりを如何に産業観光に繋げ，地域ブランディングに貢献できるか」という視点が経営戦略には必要なのである。

特に，燕三条地域の場合，古くから刃物産業が盛んであり，これまで，「ものづくりの街」というイメージが形成されてきた。そのため，そのような「ものづくり」あるいは「もの」そのものという材料を使って産業観光という新たなメニューを創造しやすかった地域性が存在していた。しかし，燕でも三条でもない「燕三条ブランド」という地域ブランディングを行っており，全国から見ても特殊な地域性が見られる場所でもある。

そのような地域性が見られる場所でさえも，産業観光に向けての様々な取り

組みを通じで地域活性化を図っており，他の地域でもこのような取り組みの実践は可能であると筆者は考える。

そのため，地域に根差した企業であれば，当該地域の発展に貢献するために，自社の事業を観光という側面から見直し，地域に主体的に何が出来るのかといった視点で自社の事業を再構築していく必要がある。つまり，自社の経営戦略を観光という側面から見直す必要がある。具体的には，ものづくりの企業であれば，単に製品を作るだけでなく，ものづくりの現場や職人の技をビジネス客や観光客に見せることを戦略的に考えたり，ものづくりだけでなく，販売を含めたショールームの開設なども検討する必要がある。また，地域産業が農業の場合は，産業観光にむけて6次産業化を模索するなかで，農業体験プログラムの開発や実施，農作物を利用した加工食品の開発やその販売所の開設，農作物を使った農家レストランの共同経営などあらゆる側面から「見せる農業」を戦略的に実践していく必要があろう。

謝　　辞

本章を作成するにあたり，見学やインタビュー，資料提供に快く応じてくださった皆様に心より感謝申し上げます。

〔注〕

1) 中小企業金融公庫調査部，寺沢清二編著『挑戦する中小企業』中央経済社，1994年，pp. 106～119。
2) 日本政策金融公庫総合研究所編「地域産業再生のための「新たなコミュニティ」の生成」『日本公庫総研レポート』No. 2011-4，2011年，p. 42。
3) 燕三条ブランド推進室室長　山田隆雄氏（2015年6月30日インタビュー実施）から提供された資料による。
4) 公益財団法人燕三条地場産業振興センターホームページ，http://www.tsjiba.or.jp/brand/（2016年1月23日アクセス）。
5) 着地型観光とは，尾家・金井（2008）によると，「地域住民が主体となって観光資源を発掘，プログラム化し，旅行商品としてマーケットへ発信・集客を行う観光事業の一連の取組み」と定義している。尾家建生・金井萬造『これでわかる！着地型観光』　学芸出版社，2008年，p. 7。

第2章　産業観光に向けて燕三条地域の取り組み

6) グリーンツーリズムとは，農林水産省によると，「農山漁村地域において自然，文化，人々との交流を楽しむ滞在型の余暇活動」としている。農林水産省ホームページ，http://www.maff.go.jp/j/nousin/kouryu/kyose_tairyu/k_gt/（2016年1月23日アクセス）。
7) 産業観光とは，国土交通省の産業観光ガイドラインによると，「全国産業観光サミットin愛知・名古屋」（2001年開催）において，「歴史的・文化的価値のある産業文化財（古い機械器具，工場遺構などのいわゆる産業遺産），生産現場（工場，工房等）及び産業製品を観光資源とし，それらを通じてものづくりの心にふれるとともに，人的交流を促進する観光活動をいう。」と定義されているとしている。国土交通省ホームページ，http://www.mlit.go.jp/common/000013176.pdf.（2016年1月23日アクセス）。
8) 燕三条ブランド推進室，前掲資料及び公益財団法人燕三条地場産業振興センター，前掲ホームページによる。
9) 同上ホームページ及び前掲室長へのインタビューによる。
10) 同上室長へのインタビューによる。
11) 燕三条ブランド推進室，前掲資料による。
12) 同上資料による。
13) 谷口佳奈子・上野恭裕・北居明「伝統的事業システムの競争優位と課題－堺・関・燕の刃物産業の比較より－」『長崎国際大学論叢』第13巻，2013年3月，p.39。
14) 三条市ホームページ・国指定伝統的工芸品「越後三条打刃物」http://www.city.sanjo.niigata.jp/shokoka/page00240.html（2016年1月20日アクセス）。
15) 第34回　伝統文化ポーラ賞　地域賞 http://www.polaculture.or.jp/promotion/thickbox/parson_data34_05.html?placeValuesBeforeTB_=savedValues&TB_iframe=true&height=400&width=600&modal=true（2016年1月30日アクセス）。
16) 新潟県ホームページ・にいがた県央マイスターものづくりの達人たち http://www.pref.niigata.lg.jp/sanjou_kikaku/1198515651897.html（2016年1月20日アクセス）。
17) 筆者は，2015年10月3日に開催された「燕三条　工場の祭典」のオフィシャル・ツアーに参加し，「包丁工房タダフサ」などの工場を見学した。その際の関係者から受けた説明に基づく。
18) 2016年10月6日から9日にかけて行われる予定の第4回「燕三条　工場の祭典」では，農業をPRする「耕場（こうば）の祭典」と名付けられた地元農家がつくった農作物を購入できるイベントも同時に行われる。『日本経済新聞』2016年2月5日（新潟経済），33面。
19) 藤次郎株式会社パンフレット及び『越後ジャーナル』2015年7月16日夏季特集号 Vol.1，2～3面。
20) 藤次郎ホームページ・会社概要 http://tojiro.net/jp/company/index.html（2016年1月20日アクセス）及び，藤次郎株式会社取締役社長藤田進氏へのインタビュー（2015年3月11日，10月31日）による。
21) 宮副謙司『地域活性化マーケティング』同友館，2014年，pp.76～77。

22) 大工や建具職人が使用する直角に曲がった金属製の物差しのことをいう。
23) 包丁工房タダフサパンフレット『忠房包丁型録』p.2。
24) 『越後ジャーナル』2015年11月20日，1面。
25) 宮副謙司，前掲書，p.78。
26) 同上書，p.78。
27) 同上書，p.79。
28) 三条鍛冶道場ホームページ・三条鍛冶道場の由来http://www.ginzado.ne.jp/~avec/kajidojyo/yurai/yurai.html（2016年1月23日アクセス）。
29) 三条鍛冶道場『体験テキスト』p.2, p.7, p.8, p.11, p.12。
30) 筆者が参加した三条鍛冶道場での体験講座受講時（2015年11月14日）における，同館長の長谷川晴夫氏からの説明による。
31) 筆者が受講した「新潟経営大学経営トップセミナー」（2016年1月6日実施）において，同上館長の長谷川氏による講演時に配布された資料による。
32) 同上講演および，ふるさと納税サイトホームページ・ふるさとチョイス・新潟県三条市http://www.furusato-tax.jp/japan/prefecture/15204（2016年1月24日アクセス）。
33) 同上講演および，燕三条ブランドホームページ・見本市出展情報http://www.tsubamesanjo-trade.com/jp/tradefair/（2016年1月24日アクセス）。

【参考文献】

(1) 石崎徹「日本の伝統産業に対するマーケティング・アプローチ－岐阜県関市における刃物産業の伝統技術に基づく市場適応の事例－」『専修マネージメントジャーナル』3(2), 2013年12月, pp.27~37。
(2) 伊部泰弘「地域企業にみる製品差別化とブランド戦略に関する一考察－新潟・栗山米菓の事例研究－」『新潟経営大学紀要』第15号, 2009年3月, pp.73~85。
(3) 伊部泰弘「地域ブランド戦略に関する一考察－地域団体商標制度を中心とした事例研究－」『新潟経営大学紀要』第16号, 2010年3月, pp.67~79。
(4) 伊部泰弘「地域活性化における地域ブランドの役割」『新潟経営大学紀要』第17号, 2011年3月, pp.63~75。
(5) 伊部泰弘「中小企業マーケティングと地域ブランド」田中道夫・白石善章・南方建明・廣田章光編著『中小企業マーケティングの構図』同文舘出版, 2016, pp.183~197。
(6) 尾家建生・金井萬造編『これでわかる！着地型観光』 学芸出版社, 2008年。
(7) 川村章正「伝統産業・堺刃物業の昔と今」『専修大学社会科学研究所月報』(560・561), 2010年3月, pp.52~80。
(8) 佐古井貞行「地場産業の人間学的考察－関市刃物工業を事例に－」『愛知教育大学研究報告』46（人文・社会科学編), 1997年2月, pp.171~182。
(9) 田中道雄・白石善章・濱田恵三編著『地域ブランド論』同文舘出版, 2012年。
(10) 谷口佳奈子・上野恭裕・北居明「伝統的事業システムの競争優位と課題－堺・関・

燕の刃物産業の比較より-」『長崎国際大学論叢』第13巻，2013年3月，pp.31～43。
(11)　中小企業金融公庫調査部・寺沢清二編著『挑戦する中小企業』中央経済社，1994年。
(12)　日本政策金融公庫総合研究所編「地域産業再生のための「新たなコミュニティ」の生成」『日本公庫総研レポート』No.2011-4，2011年。
(13)　樋口博美「伝統的地場産業におけるモノと技能をめぐる社会関係-堺刃物業を事例として-」『専修大学人文科学研究所月報』(238)，2009年1月，pp.1～32。
(14)　宮副謙司『地域活性化マーケティング』同友舘出版，2014年。

第3章 東大阪に見る産業観光

第1節 多角的視点から見る産業観光

1 産業観光の取り組み

　2014年は，日本の観光は大きく発展した。この発展は，主に訪日外国人であり，訪問者数は2年連続で過去最高の1,341万人を記録し，その消費額は2兆円を越している[1]。

　そのなかで政府は2008年に観光庁を発足して以降，訪問者を増やす観光そして関連する消費の拡大に努める施策を実施し，地方自治体においても同様の動きが相次いでいる。その施策は，名所・旧跡や温泉など資源が備わる自治体はもちろんのこと，資源がない自治体は，発掘し，育成するなどして，日本全国に拡がりを見せている。そのなかでかつては観光といい難かったいわば社会見学である産業観光の分野に焦点が当てられている。そこで本研究は，ものづくりの街として知られる大阪府東大阪市における産業観光の取組み事例を基に，産業観光の在り方を考察していく。

2 産業観光の定義

　まず観光という言葉は，江戸時代に2000年ほど前の『易経』における古典から日本に入り，地域の優れたものを見聞きし，人的交流を図る意味から様々な意味へ派生したといわれる[2]。観光が注目される理由，そして政府・地方自治体が取り組む要因は，人口減少する中，域内の顧客を対象としてきた事業は，

限界から減少に移行することが，顕著になっていることである。よって観光は，域外からの来場者を増やすことによって生まれる経済効果によって事業の継続，拡大を目指すものである。経済効果とは，大きく2つに分けられる。第一に観光投資である。観光投資は，旅館・ホテル・温泉施設等の施設系とテーマパークなど面施設系に分けられ，内資，外資×国内，海外を含むとされる[3]。第二は，観光消費である。観光消費とは，観光客数×観光消費単価×域内調達率である。域内調達率は原材料や商品，人材の域内の調達率であり，これらが低ければ，観光客数が高くとも効果が減少するとされる[4]。

観光の中で，産業観光という言葉は，1950年にフランスから日本にもたらされたといわれ，当時は，テクニカルツーリズムとして説明された。テクニカルツーリズムは，その国を代表する先端技術を主に開発国に対して見せることによって，見学に付随する飲食，宿泊を通じて様々な関連産業に効果をもたらすことを目指すものであった[5]。

ここからは産業観光の定義を，様々な角度から考察していく。

まず観光学大事典によると，産業観光は「industrial tourismとし，歴史的・文化的に価値のある工場やその遺構など，地域の産業文化財や産業製品を通じてものづくりの精神に触れることを目的としたもの」としている[6]。

次に公的機関の定義として，運輸省観光局が『産業観光施設要覧』とするものを1966年に発行し，その中で産業観光を，近代産業の工場を新しい観光対象とするとしている[7]。またこの要覧は，我が国の近代産業の見学を希望する外国人が増加していることを踏まえ，産業観光を国際観光の振興策として，この時代から強力に推進したいと明記していることは，興味深い。

地方自治体では，岐阜県は産業観光を「生産手段とその環境および景観などを観光資源とした新しいタイプの観光」としている[8]。

近年の定義として，産業観光を提言し，著作もあるJR東海の須田相談役は，「歴史的文化的価値のある産業文化財（古い機械器具，工場遺構等のいわゆる産業遺産），生産現場（工場，工房，農・漁場等），産業製品を観光対象（資源）として人的交流を促進する観光活動」と定義している[9]。

次に自治体の定義を見ていく。夜景観光にも力を入れ，京浜工業地帯の一角である川崎市は，パンフレットの中で，「その地域特有の産業が描く壮大な観光施設，遺構や文化財はもちろん現在も生み出されている産業製品の工場や工程を見学することでものづくりの心に触れ，見聞を拓く観光」と定義している[10]。大分市は，1962年から始まる，全国総合開発計画で，新産業都市に選定され，製鉄所や石油化学コンビナートを有している。大分市は，産業観光を「その地域の産業施設を訪れ，人々の築きあげてきた産業文化，ものづくりの心に触れるという新しい形の観光です。一般的な観光地とは異なり，見学するものや時間帯が限られていたりするなど自由に見学することはできませんが，ものづくりの現場を直接見学できるという貴重な体験ができるのは産業観光ならでは。」と定義している[11]。

産業観光のツアーを企画する名鉄観光は，中部圏の産業観光を巡るパンフレットに産業観光を「タメになる大人の社会科見学」として説明し，工場見学や博物館・資料館の見学の他に既存の観光を織り交ぜたのものとして捉えている。

このように産業観光を，工場，現場見学を中心としたいわばプロ向けから，一般向けそして歴史を含めた発展過程までを含むものへ変化しているといえよう。

次に産業観光の対象とする産業は，前述の運輸省の定義では，先端産業にほぼ限定した。その後の岐阜県の定義では，①先端技術に基づいた研究施設や生産工程，②地場産業（繊維，プラスチック，食品，刃物，和紙）の生産工程やその体験，③伝統工芸品，④社有の文化遺産（博物館・展示室），⑤専門技術による製品，産物を生かしたイベントと自然景観，朝市，陶器市，⑥やな，ぶどう狩りと定義し，大変広いものとなっている[12]。

また川崎市は「①環境・エネルギー，②食品・生活，③生産技術，④交通・港湾・物流，⑤科学・工芸」としている[13]。このように対象とする産業は多岐に広がっているといえよう。

次に産業観光の目的として，観光学事典によると，第一に諸産業の産業・就

労プロセスを見る視察ツアー,第二に近代産業遺産を観光対象とするものの2つの類型を示している。

また日本観光協会全国産業観光推進協議会によると以下の図表のように明示している。

図表3-1　産業観光の目的

①	工場見学型	ビジネスに直結する取引先や新規顧客等への説明の場
②	産地振興型	幅広い来訪者を受け入れ,産地のPRや産地ブランドの継続を目的とする。
③	一般観光型	広く一般観光客を受け入れ,物販・飲食施設による観光事業を展開
④	ものづくり人材育成型	主に小中学生の社会科見学等を受け入れ,地元や社会への貢献をめざす。
⑤	リクルーティング型	就職を見据えた学生を受け入れ,企業への関心を高め,人材を確保することを目的にする。

（出所）　国土交通省都市地域整備局『産業観光ガイドライン（平成19年度中部圏における多軸連結構造の連携推進調査）』国土交通省,2008,p.2を基に筆者作成。

このように産業観光の定義は,時代ともに変化し,その対象も拡大し,一般的な観光との境界線が,見えにくくなる傾向にある。

3　サービスマーケティングから見る産業観光

まず観光は,決して産業観光だけでなく,様々な形態の観光が存在するのはいうまでもない。今までは,旅行会社が巡る観光地を企画,提案する発地型観光が主流であったが,近年は観光地を有する自治体が,顧客に対して見どころや名物等を顧客にアピールし,顧客自らが計画し,旅行する着地型観光の流れが大きくなっている。この着地型観光の推進は,顧客に直接投げかけるマーケティングが必要になってくる。

観光は,宿泊や飲食などサービスが大半を占め,サービスマーケティングにあてはまる。サービスの特徴として大きく無形性,生産と消費の同時性・分割不可分性,対面性があるとされる[14]。これらのサービスの特質から,既存の

マーケティングコンセプトである4P（Product, Price, Place, Promotion）だけではなく，People, Physical Evidence, Processを追加した7Pの要素で見ていく必要がある。産業観光を7Pの視点から考察すると以下のようになる。

図表3－2　7Pと産業観光

マーケティングコンセプト	日本語訳	産業観光の適応例
Product	製品	工場見学，作業体験，資料館，博物館見学
Price	価格	運営資金，入場料
Place	流通経路	旅行会社等に産業観光のツアーなどの企画を取り扱ってもらえるようにすること
Promotion	販売促進	広告宣伝活動，パブリシティ
People	人材	ガイド，運営組織
Physical Evidence	物的証拠	パンフレットなどにより，モノづくりを理解してもらう工夫
Process	過程	サービス提供プロセスの改善

（出所）　南方建明，宮城博文，酒井理『サービス業のマーケティング戦略』中央経済社，2015，pp.120～125を筆者が加工。

　産業観光においては，まずProductである工場見学，博物館などにおいていかにわかりやすく見せるのかが重要になる。そしてわかりやすく説明するガイド，円滑な受け入れ組織，運営組織のPeople，内容を理解する紙媒体等のPhysical Evidenceが必要になる。それらの運営はボランティアなどでは限界があり，観光に対してPriceを考え，対価を得て運営する必要がある。顧客がそれらの物に対して支払う価値があると判断する，すなわちコストをかけベネフィットを得て，満足を得るためには旅行会社と自治体との連携や広域連携によりコースの魅力を増し，顧客の予約を簡単にするProcessが重要になる。そしてこれらのツアーへの参加，何よりも産業観光について中身，そして歴史的な意義を知ってもらうためにPromotionも欠かせないであろう。

　マーケティング実施の前段階として，いわゆるSTP（セグメンテーション，ターゲッティング，ポジショニング）が必要になる。産業観光を主導する自治体は，どの観光客層が自治体内のどのような観光資源を見たい，行きたいと思ってい

るかを細分化し，対象となる顧客を絞っている。そして自治体は，他の自治体，既存の観光地との位置づけを明確にし，サービスマーケティングの視点から実行し，成功に導いている。

第2節　東大阪市における産業観光

1　東大阪市とは

　東大阪市は，1967年に布施市，河内市，枚岡市が合併し誕生，面積62万㎢，人口約50万人を有している。この人口は，大阪府内において，大阪市，堺市に次ぐ，府下第三の都市である。東大阪市内には，近鉄奈良線，近鉄大阪線，近鉄けいはんな線，大阪市営地下鉄中央線，JR学研都市線（片町線）の5路線が東西に，南北にJRおおさか東線が貫通し，大阪市内まで30分以内で移動でき，住宅地が広がっている。

　東大阪市の市役所が位置する荒本地区には，近畿自動車道に平行して大阪中央環状線が南北に，阪神高速道路が東西に走り，それらが交わる東大阪ジャンクションを有し，京都市内，奈良市内，関西国際空港，大阪空港も1時間以内に行くことができる。よって東大阪市は，交通の要衝に位置し，この荒本地区には，大阪府の外郭団体が整備した東大阪流通センターが開設され，合わせてトラックターミナル，文具団地等の卸売業が多く立地している。

　もともと東大阪市は，大和川がいくつも分岐した支流が流れている農村であり，低地であったことからたびたび水害に悩まされてきた。それらの地区を水害から守り，巨大農地を作るために，大和川の付け替えと新田開発が行われた。それらを行ったのが豪商鴻池家であり，田畑や水路の管理を行った管理事務所である鴻池新田会所等の遺構が残っている。それらの新田には，コメの他に綿花が植えられ，河内木綿の産地として認知され，繊維産業が成長し，それに関連する機器を作るメーカーが立地していった。それらが形態を変え，モノづくり中小企業が多く立地し，モノづくりの街として発展してきた。

また市内には，花園ラグビー場が作られた。花園ラグビー場は，ラグビーの聖地と呼ばれ，「全国高等学校ラグビーフットボール大会」が開催されている。また花園ラグビー場におけるラグビーワールドカップ2019の開催も決定している。

2　東大阪市と中小企業

　東大阪市は，全国主要都市別工場数で全国5位，工場密度で全国1位にランクされるほど集積している。工場密度は，可住地1km²あたり126.5工場／km²に達している。それらの工場は，9割は中小企業であるとされている[15]。東大阪市におけるものづくりの歴史は，江戸時代の河内木綿から発展した繊維産業に始まり，繊維機械から鉄線，金網，作業工具，鋳物等へ変化し成長した。戦後は，ボルトやナットなど機械関連製造業やプラスチック製品製造業を中心に発展した[16]。またこの東大阪市は，大阪市内の工場用地の過密化からの移転も多くあり，特異な形での成長している。2008年の工業統計によると，事業所数6,016，従業員数58,618人，出荷額約1兆3,000億円規模まで成長している。同じく2008年に打ち上げられた中小企業の連合体による人工衛星「まいど1号」の打ち上げは，東大阪市の中小企業の技術力を示すものとして有名である。
　しかし東大阪市の中小企業は，産業の空洞化や後継者難によって衰退傾向にあることから，活性化に対して行政のバックアップが進んでいる。独立行政法人・中小企業基盤整備機構は，創業支援を目的としたインキュベーション施設と大学等との連携を目的とした産官学交流施設からなるクリエィション・コア東大阪を2005年に開設している。大阪府は，2010年に常設展示場とビジネスインキュベーション施設，商談施設など備えたものづくりビジネスセンター大阪MOBIO（Monodukuri Business Information Center Osaka）を開設している。また東大阪市はものづくり推進室を開設し，中小企業振興に努めている。同時に東大阪市は，中小企業振興会議を定期的に開催し，産官学そして市民の間で議論し，中小企業のさらなる活性化策，工場と住まいの共存をめざす施策の提言を行っている。このように，東大阪市は東の東京都大田区と並び，西日本を代表

する中小企業のモノづくりの街である。

3　東大阪市のこれまでの観光

　東大阪市は，一般的な観光地と呼ばれるものは少なく，全国区になっている観光名所はほとんど存在しない。この傾向は大阪市以外の府下の市町村にも共通している。平成22年度の大阪府観光統計調査によると，大阪府全体の観光客である1億5,683万人のうち，74％を大阪市が占め，東大阪市を含む東部大阪には，4％の630万人にしか集客できていない[17]。このように東大阪市は，観光については，後塵を拝してきた。

　東大阪市の観光施設として，まず寺社仏閣があげられ，代表的なものとして石切劔箭神社（いしきりつるぎやじんじゃ），枚岡神社の2社が有名である。石切神社は，石，悪いもの，できものを切る神様として信仰を集め，その参道にある様々な占い師が集まる石切参道商店街も多くの参拝客を集めている。枚岡神社は河内国一宮であり，一年間の出来事を笑って総括し，新年を迎えるお笑い神事というものでも著名である。

　次に，都心から手軽に自然に触れ合えるところである。東大阪市と奈良県生駒市の境に位置する生駒山地には，9つのハイキングコースが整備され，初心者でも手軽に行くことができ，人気を集めている。しかしこれらの名所は，大阪府内に限った知名度であり，全国規模の知名度ではない。

　しかし東大阪市では，前述の花園ラグビー場の知名度は全国規模である。花園ラグビー場は，毎年，年末年始にかけて「全国高等学校ラグビーフットボール大会」を開催し延べ12万人を集め[18]，ジャパンラグビートップリーグの近鉄ライナーズの本拠地でもある。ただしこれらのラグビーのイベントから，市内全域への観光関係への波及効果は，選手の宿泊などを除き，限定的である。

4　東大阪の産業観光

　東大阪市における産業観光の取り組みは，2009年ごろからJTB西日本や市内のホテルセイリュウを中心に，受け入れ企業24社とともに「東大阪教育旅行

思い出づくりサポートプロジェクト連絡協議会」によりはじめられた。そして2012年に「一般社団法人大阪モノづくり観光推進協会」へ発展し，本格的に始められた。大きな目的は，「モノづくり観光から人づくり観光へ」であり，この協会は，観光と就業支援のメリットを合わせた新しい業態の開発を行っている。これは，図表1の④ものづくり人材育成型に該当する取り組みが行われている。内容は，修学旅行のコースとして東大阪市内の中小企業そして中小企業に関連する施設を見学し，体験することによってモノづくりの仕組みを理解することである。具体的には，この協会が，学校側から要請を取り次ぎ，対象の企業，組織に対して，見学要請や調整を行うものである。そしてこの仕組みは，ただの体験や見学だけではなく，事前に冊子やDVD等による座学による予習，そして中小企業の経営者からの講演が組み込まれている点に大きな特徴がある。対象は，中学生，高校生とし，進路決定に役立てることを想定している。特に，創業者もしくは2世経営者が語るモノづくりの話，起業し経営を軌道に乗せ拡大していくストリーは，生徒にとって人生設計，その後の進路選択につながり，大変参考になりうるものである。このような自身の人生をどのように設計し，切り開くよう導いていくことは，キャリア教育といわれている。文部科学省は，キャリア教育を「今，子どもたちには，将来，社会的・職業的に自立し，社会の中で自分の役割を果たしながら，自分らしい生き方を実現するための力が求められています。この視点に立って日々の教育活動を展開することこそが，キャリア教育の実践の姿です」と定義している[19]。そしてこれらキャリア教育の実践につながる経営者の話，生産現場の話，作業体験は，大企業では難しいところが多く，中小企業ならではのものであり，東大阪産業観光の大きな特徴である。そしてこれらの参加は有料であり，参加企業とくに協力工場に還元され，協会そしてプログラムの運営を継続，発展をめざし，見学対象施設として，28の企業，団体が登録している。

　これらの取り組みは，大阪府外の中学，高校に受け入れられ，年平均85件，約5,500人の生徒が参加し，リピーターとしての実績ができはじめている。問題点としては，2つの点があげられる。第一の問題点は，産業観光に共通する

ものとして，稼働中の工場や施設をいかにして見せていくかである。工場や生産施設には，バリアフリー化が施されていないものも多く，また危険を伴うものも多くあり，それらの克服を中小企業レベルで可能かどうかの点にある。

　第二に人材育成とネットワークづくりである。この産業観光は，受入側，特に生産現場での多大な協力が必要であり，それには従業員をまとめる経営者のリーダシップが不可欠になる。それらの協力企業，そして協力する経営者を拡大するためには，商工会議所や行政等によるネットワークを必要とし，東大阪市全体が産業観光に向けて，取り組む必要がある。この他の組織との協力体制が，脆弱であり，これらの繋ぐマグネットのような組織，そして人づくりも肝要である。

　その後，2014年には「一般社団法人大阪モノづくり観光推進協会」が旅行業免許を取得し，一般向けのツアーを充実させていく予定であるが，現状ではこれらのツアーを企画募集し，催しにつなげることは難しい。よって今後の産業観光の発展には，さらなる修学旅行生の取り込みを目指すべきではないかと考える。修学旅行としての京都・奈良地区は，現在でも多くの学校により選択されている。公益財団法人全国修学旅行研究協会が，各地区の中学校を対象に調査した「修学旅行実施状況調査」によると，関東地区（群馬・栃木・茨城・千葉・埼玉・神奈川）の中学校の88％が，関西地区を修学旅行先に選択している[20]。その関西地区では，とくに京都府，奈良県の訪問，宿泊コースが大多数になっている。この現状と，訪日外国人等による京都・奈良地区における宿泊施設不足の要因から，前述の東大阪市の立地を生かし，さらに産業観光，ラグビー関連の観光を修学旅行に組み入れる余地は大きい。

第3節　産業観光のあり方

1　先進事例の分析

　日本では，近年産業観光関連の世界遺産（ユネスコの世界の文化遺産および自然遺産の保護に関する条約）への登録が相次いでいる。世界遺産とは，文化遺産，自然遺産，文化自然を兼ね備えた複合遺産の3つであり，日本は1992年に条約を批准し，登録が始まった。産業観光では，2007年の島根県の石見銀山「石見銀山とその文化的景観」，2014年の群馬県の「富岡製糸場と絹産業遺産群」は，文化遺産に認定されたが，あくまでも遺産であり，現役で稼働している生産現場いわゆる工場ではなかった。しかし，2015年の「明治日本の産業革命遺産」では，端島炭鉱跡地であるいわゆる軍艦島（長崎市）など象徴的なものの他に，三菱重工長崎造船所のドッグ（長崎市）と新日鉄住金八幡製鉄所（北九州市）が認定された。この両社の工場の認定は，いかにして現場を見せるのか，休日見学，技術漏えいの懸念から撮影の可否が課題となり，産業観光に共通する問題点が改めてクローズアップされた。

　その中で，これらの産業観光の問題に直面しつつも，全国市産業観光推進協議会主催の産業観光まちづくり大賞・金賞を受賞し，日本商工会議所主催，平成26年度「全国商工会議所きらり輝き観光振興大賞」を受賞した北九州市を例に，産業観光の取り組み方を考察する。北九州市は，4大工業地帯の北九州工業地帯を有し，日本における近代製鉄の発祥の地として教科書等にも必ず登場する地名である。その北九州市の産業観光は，産業のプロセスが理解しやすい点に大きな特徴があり，産業観光を「旧来型の物見遊山的な観光とは異なり，知的好奇心を満たす旅」と定義している。4大工業地帯として北九州はどのように発展したのか，そしてそれに伴う負の遺産をどのように克服してきたのかを，工場夜景，環境観光，工場見学・資料館，産業遺産の4ジャンルに分け紹介している。なかでも産業遺産は，前掲の世界遺産に登録されたことは記憶に

新しい。工場夜景は，日本5大工場夜景に認定され，工場地帯ならではの特色を前面に出している。環境観光と工場見学・資料館は，消費者に身近な形ではなく，産業材が多いところに特徴があり，この点は東大阪市との共通点でもある。産業材の製品特性として，専門性，高額，ソリューション性をあげることができ，いわばプロ向きの製品である[21]。それらプロしかわからないものを，製造業は，わかりやすくガイドをつけた見学や資料館を設け，行政は環境ミュージアム，イノベーションギャラリー（正式名称：北九州産業技術保存継承センター）を整備し，製造現場を体感できる点にある。

図表3－3　第8回産業観光まちづくり大賞

賞	地域	内容
金賞	北九州市	現場を体感する工場と資料館，工場夜景，環境学習プログラム，近代化産業遺産など
経済産業大臣賞	新潟県燕市三条市	50を超える金属関連産業が工場を開放し見学できるオープンファクトリー事業
観光庁長官賞	岩手県雫石町	食をテーマにした小岩井農場の見学ツアー
銀賞	北海道小樽市	訪日外国人も想定したガラス産業の見学，体験
	石川県小松市	建設機械メーカーコマツを中心としたのりものをテーマにした観光
特別賞	秋田県小坂町	廃線になった小坂鉄道跡地を使った鉄道をテーマにしたレールパーク
	山形県鶴岡市	絹織物産業の生産工程をわかりやすく解説した観光

（出所）　全国産業観光推進協議会，産業観光ガイドウェブサイトを筆者が加工。http://sangyou.nihon-kankou.or.jp/index.html（2016年2月17日閲覧）。

しかしこれまでの産業観光の受け入れ体制の整備，そして軌道に乗るまでの過程は，北九州市のみの活動だけではなかった。それらの背景は，北九州市のおかれてきた厳しい現状がある。北九州市は，1963年に小倉市，門司市，戸畑

市、八幡市、若松市の5市合併により誕生し、九州の経済の中心である福岡市よりも先に人口100万人を突破し、政令指定都市になるなど、かつては元気な都市であった。しかし鉄冷えなどといわれ、製鉄業の不振に伴う高炉の休止など、日本全体の産業構造の転換に北九州市は大きく翻弄された。そこで1990年代から北九州市では、製造業に頼らず観光業の推進に力を入れ、門司港レトロといわれる大陸との貿易により栄えた、倉庫群や洋館などを生かした観光地を作り、成功させた。この成功により、観光業を推進する機運が高まっていったのである。

このような北九州の産業観光の推進体制は、他の自治体と異なるものになっている。北九州市の観光部門と北九州商工会議所、北九州観光協会の3団体に別れていた窓口を、北九州産業観光センターとして一本化を図り、お互いの垣根を越えた活動を行っている。この組織は、2014年に組織され、ツアーの企画、観光ガイドの育成を行っている。これらのメリットとして、北九州市観光協会田中会長は、「情報と窓口の一本化によりお互いの活動を理解させ、集客体制が強化できる。[22)]」と発言し、それらの結果が観光客の増加につながっている。この田中会長は、全国でタクシー、バス会社を運営する第一交通産業を経営し、10か国語翻訳サービス付きタクシーを配置するなど、観光に重要なアクセス面のバックアップ体制も整っている。よって北九州市は、官民が一体となった推進体制がうまく機能し、産業観光都市へ変化してきたのである。

2 これからの産業観光

今までの産業観光は、企業側の視点によるものが多く進められてきた。前掲の産業観光まちづくり大賞において銀賞を受賞している山口県宇部市、山陽小野田市・美祢市の3市にまたがる産業観光を推進する宇部・美祢・山陽小野田推進協議会は、企業の社会的責任であるCSRツーリズムとして、ツアーを企画し集客している。確かに企業が社会に対して自社の活動や歴史を見せ、地域振興に繋げることは、CSRの観点に当てはまる。しかしCSRからの企業側の視点だけでなく、産業観光を観光客側、マーケティングの視点からの顧客側に

立った形へ転換し，難しいものをわかりやすく見せる工夫，そして有料であっても見学者を集めるだけのコンテンツを作る必要がある。しかし，多くの施設において集客の見込める休日に対応できない，また予約制などは観光客側から見ると壁が見受けられる。工場見学を社会的な関係からだけで見せるのではなく，見せることによる，自社へのメリットを考えると，これらは克服できる問題ではないかと考える。工場見学体制構築コンサルタントの篠原氏は，工場見学の意義としていつ見られても問題ないように5S（整理・整頓・清掃・清潔・躾）の徹底効果による安全な環境づくりを上げており，多くの人に見られる中で従業員の職業意識も向上していくことを提起している[23]。東大阪市のような産業材を扱う企業であっても，工場見学によって取引先の使用度が向上し，ブランド力の向上につながるとされ，顧客の目に触れることはおのずと作業効率の向上につながり，また展示施設などは自社のこれからを，ステークホルダーに示すことができるものである。

　そして産業観光には，民間だけの取り組みの他に，産業を体系的に理解する行政のバックアップも不可欠である。前掲の「明治日本の産業革命遺産」に認定された福岡県大牟田市は，「石炭産業科学館」を1995年に，北九州市はイノベーションギャラリーを2007年に設け，わかりやすく歴史，技術の中身を解説する施設を設けている。この傾向は，海外にも見ることができ，イギリス・マ

写真 3-1　Museum of Science & Industry

（出所）　2015年2月に筆者が撮影。

ンチェスター市は,「Museum of Science & Industry」を, 1983年に旧鉄道駅跡地に開設している。

このように行政が展示施設をつくり, 難しいモノづくりの仕組みをわかりやすく解説し, また歴史を継承することも必要であり, 行政と民間企業が知恵を出し合い, 一体となった産業観光への推進が必要となる。

おわりに, 観光政策推進の必要性について述べたい。東大阪市では, 花園ラグビー場でラグビーワールドカップ2019の開催が決定している。花園ラクビー場は, 2015年に近畿日本鉄道（近鉄）の運営から, 東大阪市の運営に移行したが, ワールドカップに向けた施設改修が急務になっている。東大阪市における観光は, これらの費用を捻出するために, そしてラグビーへの関心が高まる昨今だからこそ, 力を入れる必要がある。東大阪市は平成28（2016）年度予算案の中に, 様々な組織を横断するDMO（Destination Management Organization）である「東大阪観光まちづくり推進機構（仮称）」の設立を発表した。市を中心に, このような組織設立の流れが, ラグビーワールドカップに向け起きつつあるが, 観光, そして産業観光と連携する動きはあまり見ることができない。これらの動きを活発にするには, 従来の縦割りの関係に横串を通すことが必要であり, 組織づくり, ひとづくりは急務である。これらが機能すれば, 花園ラグビー場において約50年の歴史を数える高校ラグビーについての展示施設の充実やラグビー体験と前述の産業観光, 京都, 奈良の寺社仏閣を合わせることができれば, より生徒にとって充実した修学旅行が可能になり, いっそうの来街者の増加が図れるのではないかと考える。そして見る側, 見られる側の相互の理解のもとに, 東大阪市のモノづくりは観光資源で, 資源を掘り起こし, 加工することによって良い製品に変化するとの意識しながら, 観光政策を推進しなければならない点を指摘しておきたい。

謝　　辞

　本研究に当たり，東大阪市経済部商業課米田課長，名部主査，産業機械部品を生産する近畿工業株式会社田中社長，JTB西日本今井観光開発プロデューサー，一般社団法人大阪モノづくり観光推進協会足立専務理事・事務局長，浜松市では浜松市役所観光シティプロモーション課長今仁氏，浜松コンベンションビューロー鈴木氏，宇部観光コンベンション協会吉原氏，北九州観光センター高岡氏にお話を伺った。改めて御礼申し上げる。しかしここでは筆者の理解の範囲内でまとめており，インタビューならびに事実関係に誤解があるとすれば筆者の責任である。

〔注〕
1)　日本政府観光局ウェブサイト http://www.jnto.go.jp/jpn/reference/index.html（2015年12月１日閲覧）
2)　高橋一夫編『観光のマーケティングマネジメント』2011，ジェイティビー能力開発，2011，pp.10。
3)　国土交通省総合政策局観光経済課「観光投資に関する調査・研究報告書」国土交通省，2007，p.1。
4)　塩谷英生「観光の経済効果調査50の系譜とこれから」『観光文化』225号，日本交通公社，2015，p.9。
5)　入沢文明，泰正宣『観光事業』有斐閣，1960，p.100。
6)　辻原康男，香川眞編『観光学大事典』木楽舎，2007，p.25。
7)　運輸省『産業観光対象施設要覧1966年版』，日本観光協会，1966，p.1。
8)　岐阜県シンクタンク『岐阜県産業観光の現状と課題』岐阜県シンクタンク，1990，p.3。
9)　須田寛『産業観光』交通新聞社，2015，p.8。
10)　「川崎産業観光ハンドブック」川崎産業観光振興協議会，2014，p.1。
11)　大分市ウェブサイト http://www.city.oita.oita.jp/www/contents/ 1269563963076/index.html（2016年２月７日閲覧）。
12)　岐阜県シンクタンク『岐阜県産業観光の現状と課題』岐阜県シンクタンク，1990，p.3。
13)　「川崎産業観光ハンドブック」川崎産業観光振興協議会，2014，p.5。
14)　田口冬樹『体系流通論』白桃書房，2015，p.109。
15)　総務省平成24年経済センサス活動調査。
16)　東大阪市中小企業振興会議参考資料，2015年７月。
17)　大阪府府民文化部　都市魅力創造局企画・観光課「大阪府観光統計調査」2010，p.7。東部大阪は東大阪市と守口市，枚方市，寝屋川市，大東市，四条畷市，八尾市，

柏原市，交野市。
18)　東大阪市市長公室広報広聴室広報課「東大阪市政だより」2016年2月1日号，東大阪市，2016，p.1。2016年1月に開催された第95回全国高校ラグビーフットボール大会。
19)　文部科学省キャリア教育ウェブサイト http://www.mext.go.jp/a_menu/shotou/career/（2016年2月1日閲覧）。
20)　公益社団法人全国修学旅行調査協会『平成26年研究調査報告書，修学旅行の実施状況調査，学びの集大成を図る修学旅行の取り組みについて』公益社団法人全国修学旅行調査協会，2015，p.2。2014年7月～11月に，関東，東海，関西の公立中学校で調査。
21)　グロービス経営大学院編『MBAマーケティング』2009，p.215。
22)　「財界九州」2015年7月号，財界九州社，2015，p.96。
23)　「月刊WIZBIZ」2010年8月号，ベンチャーリンク社，2010，p.57。

【参考文献】
(1)　牧葉子「産業観光とまちづくり」『都市計画』61巻1号，日本都市計画学会，2012。
(2)　金澤秀宣「産業観光による交流促進　（特集　都市のオルタナティブ・ツーリズム）－（都市の新しい価値を生み出すオルタナティブ・ツーリズム）」『CEL』76号，大阪ガスエネルギー研究所，2006。
(3)　湖中斎「市場経済における中小企業のダイナミズム－東大阪地域の産業集積を例にしながら－」『地域と社会』7巻，大阪商業大学比較地域研究所，2004。
(4)　寶多国弘「産業観光の方法論的考察」『愛知学院大学論叢．商学研究』52巻1号，愛知学院大学商学会，2012。
(5)　産業観光推進会議編『産業観光ビジネスモデルの手法』日本観光協会事業振興協会国内振興チーム，2010。
(6)　専修大学人文科学研究所編『人は何を旅してきたか（SI Libretto）』専修大学出版局，2004。
(7)　日本政策投資銀行北陸支店富山事務所「北陸地方における産業観光の可能性について」，日本政策投資銀行，2015。
(8)　羽田耕治監修『産業観光への取り組み－基本的考えと主要事例の紹介－』日本交通公社，2007。

第4章 富山市における「賑わい拠点の創出」事業

第1節 中心市街地の衰退と活性化の取り組み

1 中心市街地の衰退

　本章では，富山市中心市街地活性化基本計画に含まれる「賑わい拠点の創出」事業を中心に，その取り組みを整理するとともに，課題についてみていきたい。

　近年，多くの都市では，郊外への大型ショッピングセンターやディスカウントストアといった業態が出店している。これに影響を受け，都市の郊外化が進展し，中心市街地の商業施設は衰退傾向にある。さらに，高齢化の進展や人口減少は，中心市街地全体の衰退をさらに加速させる結果となっている。これらの問題は，富山市においても例外ではなく，かつて，富山市中心市街地において商業施設の中核を担っていたユニー富山駅前店（2004年閉店）や西武百貨店（2006年閉店）の撤退は，中心市街地の衰退化をさらに加速させる要因となった。さらに，1998年にフェアモール富山，2000年にアルプラザ富山等の大型ショッピングセンターが郊外へ出店したことにより，中心市街地の商業施設は空き店舗の増加や環境の悪化といった問題が顕著化するようになった。

　全国的な中心市街地における商業施設の衰退傾向の問題解決に向けて，内閣府では2006年に，地方自治体の取り組みを集中的かつ効率的に支援することを目的に中心市街地活性化本部が設置され，各都市では，これに基づいた中心市街地活性化基本計画が立てられた。この計画を策定するにあたり，各都市の中

心市街地活性化の核となる商業施設の整備やまちなか居住の推進，公共施設や交通手段の導入が求められている。さらに，具体的な政策目標を明記すると共に，各項目の達成度を報告することが定められている。2015年1月現在，120市160計画が認定されている[1]。

富山市では，2007年2月に「公共交通を軸としたコンパクトなまちづくり」を目標に，青森市とともに国の第一号認定を受け，公共交通の利便性向上，賑わい拠点の創出，まちなか居住の推進の3つの目標を掲げ，様々な取り組みを行ってきた。とりわけ，賑わい拠点の創出事業は再び中心市街地へ人を呼び込むことを目的として様々な整備・再開発事業が行われ，その中には，中心市街地の商業を再び活性化させることを目的とした事業も含まれている。また，民間企業や商業施設が主体となり中心市街地の活性化を目指すイベントや取り組みの実施，TMOである株式会社まちづくりとやまの設立など，行政と市民が一体となったまちづくりが行われている。2015年12月現在，富山市では中心市街地活性化第2期計画（以下，2期計画）が実施されている。

しかし，このような取り組みが実施されているにも関わらず，中心市街地の活性化は滞っており，多くの都市で，設定された目標の達成はなされていない。今日の中心市街地活性化における課題として，中心市街地活性化基本計画に基づくまちづくり政策のみでは，中心市街地活性化が達成できていないことがあげられる[2]。

2 まちづくりの定義

近年，「まちづくり」という用語は，各方面で多様な意味として使用されており，社会，経済，文化等を基本軸に据えた様々な動きが含まれている[3]。たとえば，西山氏は，まちづくりを「①住みよい物的な生活空間をつくること，しかしそれだけでなく，②その中で営まれる「暮らしづくり」，そして，③そこで生活しそれを推しすすめる主体をつくりだす「ひとづくり」，この3つを含んでいる。」[4]と述べている。つまり，まちづくりとは建設，社会，福祉，教育等"まち"に関わる全ての事柄についての行為を指している。このように

第4章 富山市における「賑わい拠点の創出」事業

　まちづくりは多様な観点から捉えることができる。ここでは,「まちづくり」の定義について概観する。

　まず, 田中氏はまちづくりを,「商業の活性化を通じて, 地域住民による新たな生活文化構築を支援する活動」[5] としている。この定義から, まちづくりを商業的な観点から捉えていることがわかる。また, 田村氏は,「これまで国家権力によっておこなわれてきた都市計画に代わり, 市民やその自治体である事務局を中心に,「まち」を自分たちの手で創る方向へ転換するための言葉」[6]と述べている。この定義は, まちづくりを市民が主体的に行う地域社会の観点から捉えていることがわかる。そして, 樗木氏は,「まちづくりの本来の目的とは, あらゆる人に優しく障害のある人もない人も, 誰もが平等に社会に参加し活動できる仕組みをつくり, より豊かに暮らすことができるまちを実現させること」[7] と述べている。これは, 福祉的な観点からまちづくりを捉えている。さらに, 西村氏は,「観光まちづくりとは, 地域が主体となって, 自然, 文化, 歴史, 産業, 人材など, 地域のあらゆる資源を活かすことによって, 交流を振興し, 活力あるまちを実現するための活動であるといえる。つまり観光まちづくりは, 観光まちづくりの結果の1つのあらわれであり, まちづくりの仕上げのプロセスを意味している。」[8] と述べている。西村氏は観光的な視点からまちづくりを捉えている。最後に, 国土交通省は, 2013年に集約的都市形成支援事業を創設している。この事業は, 歩いて暮らせる集約型まちづくりの実現に向け, 商業や医療・福祉等の施設を集約地域へと移転することを促進する支援制度として立ち上げられたものである。集約型都市形成事業では, 住民の暮らしやすさを目的としている。

　以上, まちづくりに関する代表的な定義を整理してきた。まちづくりは, 商業的, 地域社会的, 福祉的, 観光的視点からの研究が進められており, その対象や意味は多岐に亘っている。また, まちづくりは, 地域活性化のための1つの方策として行われていることがわかる。本章での「まちづくり」は, 商業や文化を通じて市民と行政が一体となり, 都市機能が集約された中心市街地を形成するという意味でとらえている。

3　地域活性化の取り組み

　地域活性化を目的としたまちづくりの取り組みが全国各地で実施されてきた。また，それらを対象とした先行研究も多数見受けられる。それら先行研究の多くは，地域活性化を目的としたまちづくりの課題を指摘しており，ここでは，代表的なものを紹介したい。

　まず，宮副氏は，「地域活性化の現実的な取り組みをみると，商店街をテーマパークのような街並みに改装した環境演出や，焼きそばやモツなどのようなB級料理・地域名産の開発や，年に1度程の開催で広域から集客する一過性のイベントが多くみられる。地域活性化とは，そのような表面的で，一過性的な話題づくりではなく，その地域における生活を本質的に豊かにし，それが継続的に行われ定着化されるべきものである。」[9]と述べており，地域活性化の取り組みの課題として，効果の持続性について言及している。さらに，越川氏も，「当初は，大都市のような大型百貨店・家電量販店等の誘致，様々なアウトレットモール・遊園地等のテーマパークの建設を行うことで，これらの固定資産税や他地域から多くの観光客を自地域に呼び寄せ・呼び入れ，地域経済活性化を図ろうとした。確かに大勢の人間が詰め寄せて一時は成功を収めたかもしれないが，将来的な見通しを持たない改革のために，現在では閉鎖に追い込まれた施設や寂れてしまった地域も存在している。」[10]と，地域活性化の課題について述べている。つまり，将来ビジョンをもたない取り組みや一過性の催しでは，活性化の効果を維持することはできない。

　このように，彼らは地域活性化における課題として，効果が一過性であることを指摘している。

　上記とは別の課題として，門間氏らは，「住民参加の重要性が叫ばれているにもかかわらず，住民参加の制度化がなされていない我が国では，その取り組みは市町村の判断に任されている。そのため，施策の計画と実践に時間と労働がかかる住民参加を回避し，トップダウン的な施策の推進システムを採用している市町村が多いのが現状である。」[11]とし，住民の意見が反映されていない

点について指摘している。また，望月氏らは，「地域活性化を促すためには，行政と地域住民の双方の協力・努力が不可欠である。行政主体のみでは，地域活性化に有効な地域資源が見落とされる可能性もある。潜在的な地域資源を有効に活用するためには，多くの地域住民の意見を取り入れていく必要がある。つまり，「行政主体だけではなく，地域住民との相互の協力が不可欠なだけでなく，住民からの内発的なアイデアを取り入れていくことも，継続的に地域活性化対策を行っていくうえで重要である。」[12]と述べており，行政と地域住民との協力の重要性が指摘されている。

このように，彼らは地域活性化の課題として，活動主体である行政と地域住民との協働の欠如について指摘していることがわかる。

その他，ソーシャル・キャピタル（社会資本）の重要性について言及している研究もある。例えば，菅原氏は，「地域コミュニティを構成する様々な外部組織が，協働活動を良いことと認め，商店組織に対して信頼を付与することによって，地域コミュニティの人々が協働活動に積極的に参加するようになった（ソーシャル・キャピタルが形成された）結果，協働活動の実施体制が強化され，協働活動がより広く認知され，さらなる信頼を獲得し，そして協働活動の継続や規模拡大につながっている。」[13]と述べており，地域活性化に向けた取り組みの継続やさらなる発展のためには，ソーシャル・キャピタルの形成を重視していることがわかる。また，小長谷氏らは，ソーシャル・キャピタルの重要性を踏まえたうえで，その形成には，専門家だけでなく，地域の学生などの外部キーパーソンを含める必要性についても言及している[14]。その理由として，津久井氏は，学生である若者がその地域に関心を示していない点，商店街を訪れる若者が減少している点，すなわち若者における来街促進の課題をあげたうえで，「学生が主体的に関わる場と機会をコミュニティの当事者が創り込んで，巻き込んでいく必要がある。今，若者にとっての自分の時間やエネルギーを使う選択肢は無数にある。そうした若者を巻き込んでいくには，学生にとって魅力的なコンテンツは何か，聞き取り，アンケートで把握する必要がある。」[15]としている。このように，彼らもソーシャル・キャピタルの一構成員として，

地域の学生を含めることの必要性を指摘している。

　以上，地域活性化を目的としたまちづくりの取り組みにおける課題をみてきた。それらは主に，取り組みの一過的な効果，活動主体と地域住民との協働，若年層の来街促進等をあげることができる。これら先行研究の他にも，地域活性化を目的としたまちづくりには，資金確保，住民の利便性向上等に関する課題の指摘もあり，これらの課題を念頭におきつつ，富山市における「賑わい拠点の創出」事業をみていくことにする。

第2節　中心市街地の活性化に向けて

1　富山市中心市街地活性化基本計画

　富山市における都市計画事業のはじまりは，1945年に発生した空襲の被害による富山市の壊滅的状態の復興である。その復興から今日に至るまで，富山市中心市街地の整備事業が実施されてきたものの，郊外の発展に伴う中心市街地の人口減少や空き地・空き店舗の増加など，問題が生じるようになった。さらに，近年では，2010年をピークとして富山市の人口減少傾向に拍車がかかり，2030年には全人口の約3割が高齢者になる見込みである。また，富山市は県庁所在都市として全国で最も低密度な市街地であるため，2015年現在，1世帯あたりの自動車保有台数が全国2位となっている。そのため，富山市における公共交通機関の利用者は年々減少傾向にあるものの，その一方で，自動車の運転ができない市民が約3割も存在している。しかも，自動車の運転が不可能な市民の約7割は，60歳以上の高齢者であり，今後，その割合が増加することが予測される。

　この対策として，富山市では「公共交通を軸としたコンパクトなまちづくり」を目標とした第1期富山市中心市街地活性化基本計画（以下，1期計画）を策定した。1期計画の具体的な方針は，既存の公共交通網を活用し，市民の徒歩圏内に商業・文化・行政などの各機能を充実させることにより，中心市街地

第4章　富山市における「賑わい拠点の創出」事業

の活性化を図ることである（図表4－1）。また，市内の点在する地域生活拠点を公共交通で結ぶことにより，自動車を運転できない人にとっても暮らしやすいまちづくりを推進している[16]。特に，65歳以上の高齢者を対象におでかけ定期券事業（公共交通利用料金1回100円）を実施することで，高齢者の外出機会の創出，中心市街地の活性化，交通事業者への支援等に寄与したいと考えている。

図表4－1　富山市における都市構造

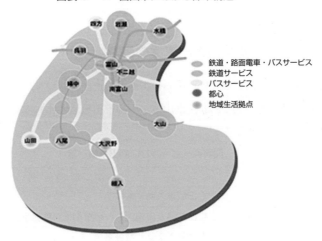

（出所）　富山市都市整備部中心市街地活性化推進課「第2期富山市中心市街地活性化基本計画」富山市，2014。

　この方針は，中心市街地に都市機能を集約させることから，コンパクトシティ政策とも呼ばれている。コンパクトシティについて，寺沢氏は，「コンパクトシティの形成とは都市づくりの方向を市街地の内側に向け，機能的で効率的な都市を目指すもの」[17]としている。また，古賀氏は，コンパクトシティを「行政・商業・ビジネス・住宅などの都市機能を都心に集め，日常生活を徒歩でも過ごせるコンパクトな都市のこと」[18]と述べている。つまり，行政・商業・ビジネス・住宅等の機能を中心市街地に集約させ，市民が徒歩で暮らすことのできるまちをコンパクトシティと呼ぶことができる。現在では，青森市，仙台市，豊橋市，神戸市，北九州市等がコンパクトシティの政策に取り組んで

いる。

　2007年に認定された富山市の1期計画では，郊外型店舗の増加や中心市街地の空洞化を将来的に克服することが目的である[19]。そのために，富山市では，①公共交通の利便性の向上（目標路面電車市内線の乗車人員13,000人：基準値10,016人，H17年），②賑わい拠点の創出（目標歩行者通行量32,000人：基準値24,932人，H18年），③まちなか居住の推進（目標居住人口26,500人：基準値24,099人，H18年），の3つの目標をあげて取り組んでいる。本章では，賑わい拠点の創出事業を中心に概観する。

2　賑わい拠点の創出事業の概要

　賑わい拠点の創出事業とは，中心市街地への市民の回帰を目的として行われた様々な整備・再開発であり，富山市が中心市街地活性化基本計画の中で策定した事業の1つである。

図表4－2　賑わい創出事業一覧

	事　業　名
にぎわい拠点創出事業	富山城址公園整備事業
	総曲輪通り南地区第一種市街地再開発事業
	グランドプラザ整備事業
	「賑わい交流館」整備運営事業
	賑わい横丁運営整備事業
	中心商店街魅力創出事業
	総曲輪開発ビル再生支援事業
	街なかサロン「樹の子」運営事業
	街なか感謝デー開催事業
	総曲輪オフィシャルガイドブック作成事業
	大規模小売店舗立地法の特例措置
	ICカード活用による商業等活性化事業
	アーバン・アテンダント事業

（出所）　富山市都市整備部中心市街地活性化推進課「第2期富山市中心市街地活性化基本計画」富山市，2014。

第4章 富山市における「賑わい拠点の創出」事業

　図表4-2から伺えるように，富山市における賑わい拠点の創出とは，グランドプラザ整備事業（2007年9月），大和富山店を中核とした総曲輪通り南地区第一種市街地再開発事業（2007年9月），中心商店街の整備・支援事業などハード面の整備を中心に行われた事業である。これらの事業は，行政，株式会社まちづくりとやま[20]，民間事業者等の多様な主体連携・協働して進めている。

　富山市の賑わい拠点の創出事業における主な拠点は，①総曲輪フェリオ，②グランドプラザ，③グランドパーキングの3か所である。これらは，①総曲輪通り南地区第一種市街地再開発事業，②グランドプラザ整備事業，③街なか感謝デー開催事業であり，行政から支援を受けている。これらの事業では各主体が連携しており，1期計画において富山市が特に力を入れた事業でもある。また，賑わい交流館，賑わい横丁，街なかサロンは，株式会社まちづくりとやまが運営主体となり，実施してきた事業である。ICカード活用による商業等活性化事業とは，富山市内の公共交通機関と総曲輪フェリオ専門店街や各商店街，百貨店等と連携した「まちなかポイントサービス」のことを指す。まちなかポイントは，公共交通機関を利用し，まちなかポイント加盟店で2,000円以上の買い物をした人を対象に発行される。このポイントは現金に換算され，ICカードへチャージ（入金）することができる。また，この事業は，ICカード拡充を目的としており，中心市街地における市民の回遊性を高めるという点で重要な役割を担っている。富山市が基本計画で行った賑わい創出事業の特徴は，ハード面の整備が中心であり，その目的は集客拠点の整備・運営を行うことで，歩行者通行量を増加させることである。

第3節　賑わい拠点の創出事業の取り組み[21]

　ここでは，賑わい拠点の創出事業を推進するうえで鍵となる，総曲輪シティ株式会社及び株式会社まちづくりとやまの取り組みと，その集客状況について概観したい。

1　総曲輪シティ株式会社

　総曲輪シティ株式会社が運営する総曲輪フェリオは，1期計画に含まれる総曲輪通り南地区第一種市街地再開発事業にて整備された複合商業施設であり，賑わい拠点の創出事業において重要な役割を果たしている。総曲輪フェリオは，地下1階，地上7階の施設であり，富山大和百貨店と29の専門店が入っている。その役割は，中心市街地の核，賑わいの創出の拠点など，富山市の中心施設としての機能発揮である。

　総曲輪フェリオにおける来客数は，2007年の開業以来，年間300万人程度であり，現在まで横ばいの状況となっている。来客数は，総曲輪フェリオの出入り口に設置されているカウンターとPOSシステムを基に集計している。曜日別の来客数の内訳をみると，日曜・祝日は約2万人であり，平日の約2倍の顧客が総曲輪フェリオを訪れている。また，総曲輪フェリオに併設するグランドプラザでのイベントやフェリオ内の富山大和にて行われる催事等の開催時は，来客数が約3万人まで増加することもある。

　このように，総曲輪フェリオ及びグランドプラザでの催事やイベントが，総曲輪フェリオへの来客数，すなわち中心市街地への来街者と大きく関係している。しかし，イベント開催日とそうでない日の総曲輪フェリオへの来客数の差は約1万人，さらに平日と比較すると，約2万人の差があり，中心市街地への回帰性は低い状況となっている。

　次に，富山市内の公共交通機関，総曲輪フェリオ専門店街，地域商店街，そして大和百貨店等が連携したICカード活用による商業等活性化事業である「まちなかポイントサービス」についてみていく。

　ICカードとは，2009年に富山地方鉄道株式会社が導入したICカード乗車券のことを指す。上述したように，まちなかポイントとは，公共交通機関を利用し，2,000円以上の買い物を行った顧客を対象に発行され，そのポイントをICカードへ入金することができる。この事業は，ICカードの拡充を目的として実施されてきた。事業の実績をみると，総曲輪フェリオのICカード導入年度

第4章 富山市における「賑わい拠点の創出」事業

の2007年では，約25,000ポイント（50ポイント×500枚）の発行数であったものが，その後，発行枚数が徐々に増加し，2013年には約1,400,000ポイント（50ポイント×28,000枚）に達している。ただし，この事業はICカードの普及という目的を達成したことを理由に，2015年2月には事業を終了している。

2 株式会社まちづくりとやま

　株式会社まちづくりとやまは，富山市，富山商工会議所，中小企業者等の出資による第3セクターのTMOとして2007年7月に設立している。1期計画の中で，行政やNPOの取り組みが困難とされる部分，地域商店街やNPOとの連携・協力及びマネジメントの役割を果たすのが，株式会社まちづくりとやまであるとしている[22]。そこで，ここでは，株式会社まちづくりとやまが主に担っているグランドプラザに関する事業，中心市街地活性化における株式会社まちづくりとやまの役割，株式会社まちづくりとやま・富山市役所・中心商店街・住民との連携について概観する。

　まず，グランドプラザは，2007年9月に開業して以来，富山市の中心市街地における集客の拠点として様々な事業を行ってきた。このグランドプラザとは，総曲輪フェリオとグランドパーキング（立体駐車場）の間にある屋根のかかった広場のことである。天候に左右されないことや，集客の拠点としての役割から，グランドプラザでは年間を通じて様々なイベントが行われてきた。主なイベントの内容は，物販，展示，体験型学習等，多種多様であり，それらの主催は，富山市，株式会社まちづくりとやまが中心となり，民間企業や一般団体など様々な組織が連携・協力して行っている。また，グランドプラザは個人でも使用可能であるため，地域住民でもまちづくりに主体的に取り組むことのできる機会が得られている。

　図表4−3は，グランドプラザにおける年間稼働率の推移を示している。グランドプラザの稼働率は2009年から2013年の5年間で平均83％程度であり，年間を通じて日常的にイベントが開催されていることがわかる。この取り組みはイベントを通じての集客効果が一過的なものにならないための工夫である。

図表4-3 グランドプラザにおける年間稼働率の推移

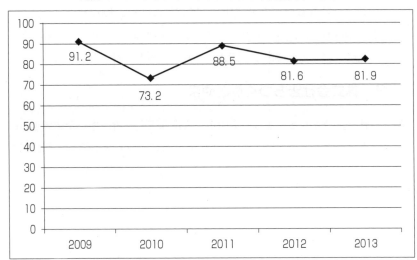

（出所） 株式会社まちづくりとやまより提供。

　中心市街地活性化における株式会社まちづくりとやまの役割は，継続的に街が賑わう仕組みの構築を担うことである。これまで，株式会社まちづくりとやまでは，総曲輪シティ株式会社の協力のもと，中心市街地の楽しさを実感してもらうことを目的に，幼児や児童を対象とした積木広場やエコリンクをグランドプラザで運営してきた。また，地域の高等教育機関を対象とした様々な企画も実施されている。それら企画の多くは学生，中心商店街，企業との協働事業であり，それは住民等が主体的にまちづくりへ参加することを促進するためである。このように，株式会社まちづくりとやまの役割とは，中心市街地に対して住民の興味や関心を高めてもらう機会を与えることにより，長期的かつ継続的な回遊性を構築することである。

　次に，富山市，株式会社まちづくりとやま，中心商店街，そして住民との連携についてみていく。株式会社まちづくりとやまは，富山市が実施する事業に対して運営の面からのサポートを行っている。具体的な例としては，農政企画課が地域農林水産物の販売促進を目標として設置した「地場もん屋総本店」の

第4章　富山市における「賑わい拠点の創出」事業

運営，また，超高齢社会を見据えたまちづくりのために，長寿福祉課が設置した，街なかサロン「樹の子」の運営等を担っている。さらに，株式会社まちづくりとやまは，中心商店街との連携のもと，大学生や高校生など若年層の来街促進を目的に，中心商店街で開催するイベントはもちろんのこと，「富山まちなか研究室MAG.net」，「学生まちづくりコンペティション」，「MAG.fes」の運営に携わっている。

　富山まちなか研究室MAG.netは，「学生とまちの人とがコミュニケーションを図る活動拠点となり，学生たちのまちづくりに対する当事者意識と誇りを醸成し，恒常的な若者の来街促進」[23]を目的に開設された施設である。つまり，継続的に学生が地域活動に参加する仕組みとして，空き店舗を活用し，学生がまちなかで活動する拠点のために整備された。利用者の対象は，大学生，高専生，専門学校生，高校生，そして，まちづくり関連団体等となっている。コンセプトは，①たまり場（学生団体やまちづくり関連団体の活動拠点として・サークルの活動拠点として・情報のたまり場として），②語り場（共通の趣味を語りあう場として・商店街の方との交流の場として・学生団体とまちづくり関連団体の交流の場として・就職等についての相談の場として），③学び場（ゼミや中心市街地の調査拠点として・まちづくりに関するセミナーの場として・まちなかでの自主イベント等の企画の場として），④演じ場（研究成果の発表の場として・ワークショップ開催の場として・サークル等の発表の場として）の4つである[24]。実際，学生団体やサークルがミーティングの場として，またイベントの開催や作品展示に使用される他，大学生に宿題を見てもらう小学生など様々な若年層が訪れており，富山まちなか研究室MAG.netは新たな出会いの場ともなっている。場所は富山市中心市街地に位置する総曲輪通りの一角にあり，中心市街地活性化の拠点にふさわしい。利用時間は，平日が13時から21時，休日が11時から19時となっている。その他，この施設では，「MAG.net的インターン生活」という事業も実施している。これは学生がこの施設で，富山県内企業の就業体験をするものであり，月5回半年間の実習にも使用されている。さらに，それに参加した学生限定で，自己啓発セミナーやインターン受入企業の社長との交流会も開催している。また，

「学生まちなかモニター事業」も実施しており，県内の情報誌に中心市街地の店舗やイベントに関して，学生がモニタリングレポートを掲載し，学生と商店街等との連携による来街者の促進を図っている。

次に，学生まちづくりコンペティションは，株式会社まちづくりとやま及び富山商工会議所青年部が主管である「学生まちづくりコンペティション実行委員会」が実施し，2012年から2015年までに年1回開催されている。それは，5月に学生とアドバイザーとの提案内容相談会，6月に学生による提案内容発表会，7月に公開プレゼンテーション及び審査会が行われ，そこで採択された事業アイデアは上限25万円とする補助金を資本として年内に事業を実施するという流れとなっている。提案内容相談会では地域のアドバイザーの意見を取り入れつつアイデアを練る。提案内容発表会では連携団体やサポートメンバーのマッチングも行われ，それ以降は連携団体（主に富山県内の企業や商店主）とともに公開プレゼンテーションに向けて企画を完成させる。そして公開プレゼンテーションで選ばれた最優秀賞，優秀賞，審査員特別賞の事業は実際に取り組まれ，11月末に最終報告会を行う。募集テーマは開催年度によって異なっており，採択されなかった事業でも連携団体などの協力を得て実施されるケースもある。

そして，MAG.fesとは，2013年から今日（2015年）まで年に1度開催されている「学生の学生による学生のための祭典」である。参加者は大学生や高校生，商店主などである。その主催は，富山まちなか研究室MAG.net，富山まちなか研究室MAG.netで活動している学生で構成されたMAG.fes実行委員会であり，学生が中心となって企画から運営までを行う。開催場所は，総曲輪通り及び中央通りの空き店舗やアーケード等の商店街であり，そこでは学生による作品展示やライブパフォーマンスが行われる他，カフェや販売ブースの設置も過去にはされてきた。2013年の参加者は，約50団体による約250名，2014年の参加者は約50団体による約300名と参加人数は徐々に増加傾向にある。また，来場者数も約2,000人から約2,500人と増加している。

以上，株式会社まちづくりとやまは，富山市が1999年に策定した「富山市中

心市街地活性化基本計画」に基づき,「富山の街を元気にする事業」の一環として, 富山まちなか研究室MAG.net, 学生まちづくりコンペティション, MAG.fesを運営し, 富山市における賑わい拠点の創出事業のソフトの面を担っていることがわかる。賑わい拠点の創出事業は, 富山市, 株式会社まちづくりとやま, 地域商店街, そして市民との連携による取り組みで実施されている。

3　中心市街地活性化第1期計画実施後の課題

中心市街地活性化第1期計画実施後の課題としては, ①中心市街地周辺再開発事業に向けた課題, ②グランドプラザでのイベントにおける効果の波及に関する課題, ③中心商店街との連携に関する課題, ④来街者の状況に関する課題, の4点があげられている[25]。

中心市街地周辺再開発事業に向けた課題について説明する。2012年4月からは2期計画が実施されている。2015年12月現在, その計画内にある西町南地区複合施設整備事業（美術館, 図書館, 業務施設からなる複合施設）, 総曲輪西地区第一種市街地再開発事業（商業, シネマ, ホテル等からなる複合施設）等の整備が進められている。これらが今後, 開業するにあたり, 集客の面における既存商業施設との連携という点が, 中心市街地周辺再開発事業に向けた大きな課題である。

グランドプラザでのイベントにおける効果の波及に関する課題について説明すると, 富山市の中心市街地では, グランドプラザを中心に年間を通じて様々なイベントが実施されてきた。しかし, これらのイベント効果は, グランドプラザや総曲輪フェリオのみに留まることが多い。そのため, 中心商店街からは, イベントの種類によっては, 来店客数が減少するという意見も株式会社まちづくりとやまに寄せられている。

中心商店街との連携に関する課題について述べると, これまで中心商店街と連携により開催されたイベントが多く存在する点である。しかしながら, 商店街のイベントに対する積極性はいまだ低い。それは, 古くから構築されてきた商店街の文化が未だに強く根づいていることが背景にある。

来街者の状況に関する課題について述べたい。富山市は，中心市街地の賑わいの成果を示す指標として，「中心商業地区の歩行者通行量（日曜日）」を用いている。2006年8月の24,932人を基準数値とし，計画終了時期である5年後の2011年8月には，32,000人を達成することを目標数値として取り組んできた。図表4－4からかわるように，歩行者量は増加傾向にあるものの，目標数値である32,000人には到達していない。富山市はこの点について，整備が行われた総曲輪フェリオ周辺の歩行者量は増加したものの，その効果が中心市街地全体に波及しなかったことが，その原因だとしている[26]。このことから，1期計画での事業は，グランドプラザ以外の地域での歩行者通行量増加にあまり寄与していなかったといえる。

図表4－4　中心商業地区（日曜日）の歩行者通行量（平均）の目標数値と達成状況

基準数値 （2006年8月）	目標数値 （2011年8月）	事後結果 （2011年8月）
24,932人	32,000人	27,407人

（出所）　富山市「認定中心市街地活性化基本計画の最終フォローアップに関する報告」2012，p.6より作成。

　以上，中心市街地活性化第1期計画実施後の課題である4つの点を概観してきた。現在，富山市では2期計画が実施されており，そこでは，これらの課題を解決するための事業が進められている。

第4節　第2期富山市中心市街地活性化基本計画[27]と今後の課題

1　第2期富山市中心市街地活性化基本計画の概要

　2期計画では，1期計画にて達成されなかった目標や課題を達成及び解決するために，①公共投資を通じた民間の投資意欲の促進，②市民が主役となる体制の構築，の2点を戦略として策定されている。そのため，中心市街地活性化

のために必要な施設整備（ハード事業）に対しては行政が中心となり，またそれらの施設を活用したソフト事業は，市民が中心となり，商業者・事業者，NPO，株式会社まちづくりとやま等が担うかたちとなっている。2期計画では1期計画に引き続き，市街地空間の質の向上と交流の場の創出を目標に，①公共交通や自転車・徒歩の利便性の向上，②富山らしさの発信と人の交流による賑わいの創出，③質の高いライフスタイルの実現，に関する3つの基本方針を設定している。なお，2期計画における目標数値も，すべての項目において1期計画と同様である。次に，富山らしさの発信と人の交流による賑わいの創出事業を中心に概観する。

2　富山らしさの発信と人の交流による賑わいの創出事業の概要

1期計画の賑わい拠点の創出事業に引き続き，2期計画では，富山市中心市街地への交流人口を増加させることを目的として，「富山らしさの発信と人の交流による賑わいの創出」事業を実施している（図表4-5）。

2期計画では，西町南地区複合施設整備事業や総曲輪西地区第一種市街地再開発事業などが基幹事業として定められている。西町南地区複合施設整備事業

図表4-5　「富山らしさの発信と人の交流による賑わいの創出」事業一覧

	事　業　名
「富山らしさの発信と人の交流による賑わいの創出」事業	桜町一丁目4番地区市街地再開発事業
	富山城址公園整備事業
	くすり関連施設整備事業
	総曲輪西地区第一種市街地再開発事業
	西町南地区第一種市街地再開発事業
	西町南地区複合施設整備事業
	総曲輪三丁目地区第一種市街地再開発事業
	中央通りD地区第一種市街地再開発事業
	ビジネスセンター設置事業

（出所）　富山市「第2期富山市中心市街地活性化基本計画」2014，p.8より作成。

として，ガラス美術館，富山市立図書館，銀行などを含む複合施設「TOYAMAキラリ」が整備され，2015年8月に開館した。TOYAMAキラリの来館者数は開館1ヶ月で約11万人に上り，その周辺の歩行者量は5月比で4倍に転じた。また，総曲輪西地区第一種市街地再開発事業では，8スクリーンのシネマコンプレックス，ホテル，店舗等を含む複合商業施設の整備が行われており，2016年6月1日が開業予定となっている。その他，総曲輪通りを中心として，商業・薬業施設，オフィス，マンションなど，さらに4つの複合商業施設が整備されることとなっている[28]。このように，交流人口の増加を目的とした事業において複合商業施設等のハード面，すなわち，来街者が長時間滞在し，回遊するための施設の整備は充実しつつあることがわかる。

3　まちづくりの課題

　富山市中心市街地活性化基本計画の1である，賑わい拠点の創出事業を中心に概観してきた。富山市の郊外化は，中心市街地における空き店舗の増加，居住人口の減少等の問題を引き起こし，その対策のために，行政はコンパクトシティを目標とした富山市中心市街地活性化基本計画を策定・実施している。この賑わい拠点の創出事業は，中心市街地への市民の回帰を目的として行われた様々な整備・再開発であり，富山市が中心市街地活性化基本計画の中で策定された事業の1つである。

　中心市街地の活性化にあたり，各主体の担うべき役割は，図表4－6の通りである。賑わい拠点の創出事業は，その主役である商業者・事業者，NPO，株式会社まちづくりとやま，それぞれが連携・協力し合い，市民が中心市街地への回帰するためのソフト面を担当し，富山市がそのサポートマネジメント及びハード面の整備を担当する体系となっている。

　これまで地域活性化を目的に，まちづくりを推進してきた地域は多い。そのまちづくりの取り組みに対して，一過的な効果，活動主体と地域住民との協働，若年層の来街促進等の課題が多くの先行研究で取り上げられている。しかし，富山市における賑わい拠点の創出事業では，市民を中心に，総曲輪シティ株式

会社，株式会社まちづくりとやま，商店街とが連携し，集客効果が一過的なものにならないように，年間を通じて日常的にイベントが行われている。つまり，賑わい拠点の創出事業では，各主体が連携・協力し合う体制となっている（図表4－6）。さらに，若年層の来街促進に向けて，株式会社まちづくりとやまが中心となり，富山まちなか研究室MAG.net，学生まちづくりコンペティション，MAG.fesを運営している。このように，富山市における賑わい拠点の創出事業では，先行研究でみられた課題解決に向けた取り組みがなされているといえよう。ただし，既存の商店街を運営する店主からは，中心市街地の活性化に対する意欲的な意見が聞かれないこと，イベントの効果が中心市街地全体へと波及していないことが課題としてあげられている。

現在，富山市では2期計画が実施されており，賑わい拠点の創出事業が終了する2017年3月の結果に期待したい。

図表4－6　中心市街地の活性化にあたり担うべき役割

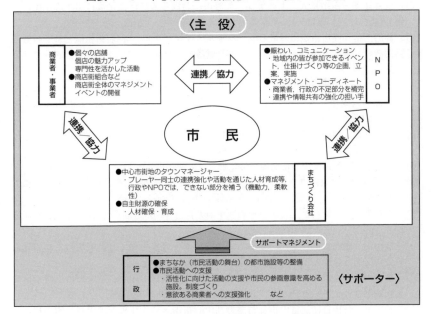

（出所）　柏木克仁氏へのインタビュー時の配布資料をもとに筆者作成。

〔注〕
1) 内閣府地方創生推進室HP
 (http://www.kantei.go.jp/jp/singi/tiiki/chukatu/nintei.html)，2015年11月23日閲覧。
2) 富山市都市整備部中心市街地活性化推進課「第2期富山市中心市街地活性化基本計画」富山市，2014，pp.2～3。
3) 田中道雄『まちづくりの構造 商業からの視角』，中央経済社，2006，p.14。
4) 西村冽三『まちづくりの構想』，都市文化社，1990，p.211。
5) 田中道雄，前掲書，p.21。
6) 田村明『まちづくりと景観』，岩波新書，2006，p.105。
7) 樗木武『ユニバーサルデザインのまちづくり』，森北出版，2004，p.2。
8) 観光まちづくり研究会『新たな観光まちづくりの挑戦』，株式会社ぎょうせい，2002，p.21。
9) 宮副謙司「地域活性化の現状認識と今後の方向性」『2012年秋季全国研究発表大会』，経営情報学会，2012，p.155。
10) 越川靖子「地域活性化とブランド化に関する一考察‐コミュニティと個人主義の発展への示唆」『明大商学論叢』明治大学商学研究所，第90巻特別号，2008，p.133。
11) 門間敏幸・安中誠司「住民参加に関する市町村職員の意識特性と規定要因：東北中山間地域を対象として」『農村計画学会誌』第16巻2号，農村計画学会，1998，p.98。
12) 望月洋孝・田中裕人・上岡美保「佐渡市における地域活性化策に関する住民の評価」『農村研究』第115号，東京農業大学農業経済学会，2012，pp.82～83。
13) 菅原浩信「商店組織におけるソーシャル・キャピタル‐商店街組織と外部組織の協働活動に関する事例から‐」『日本経営診断学会論集』Vol.8，日本診断経営学会，2008，p.93。
14) 小長谷一之・北田暁美・牛場智「まちづくりとソーシャル・キャピタル」『創造都市研究：大阪市立大学大学院創造都市研究科紀要』第1巻1号，大阪市立大学，2006，p.65。
15) 津久井寛「地域コミュニティの活性化に関する予備的考察」『帯広大谷短期大学紀要開学50周年記念』第48号，帯広大谷短期大学，2011，p.26。
16) 富山市都市整備部中心市街地活性化推進課，前掲書，p.2。
17) 寺沢直樹「コンパクトシティの形成と中心市街地の再生を目指して」，新都市，2007，p.105。
18) 古賀哲矢「コンパクトシティをめざす地方自治体の取り組み」，生活協同組合研究，2007，p.12。
19) 富山市「進む交通イノベーション「コンパクトなまちづくり」実現のための先進的公共交通と最新ICTの活用」，月間LASDEC，2012，p.4。
20) まちづくり会社とは，行政，商工会議所，中心地区の中小企業などの出資で構成される第3セクターのTMO（Town Management Organization）である。
21) 2015年11月19日に，富山市都市整備部中心市街地活性化推進課課長代理の柏木克仁氏へのインタビューによるものであり，調査補助として矢後萌氏の協力を得た。

第4章　富山市における「賑わい拠点の創出」事業

22）富山市都市整備部中心市街地活性化推進課，前掲書，p.5。
23）株式会社まちづくりとやま　富山まちなか研究室MAG.net HP
（http://www.mdtoyama.com/?tid=100100　2015年12月28日閲覧）。
24）同上。
25）再掲，インタビューによるものである。
26）富山市「認定中心市街地活性化基本計画の最終フォローアップに関する報告」，富山市，2012，p.13。
27）富山市都市整備部中心市街地活性化推進課，前掲書，p.4。
28）北日本新聞朝刊2016年1月3日，pp.6〜7。

第5章 松山市における観光産業の現状と課題
－小売マーケティング論の視点から－

第1節　松山市と観光

1　観光とは

　一説によれば観光の語源は，中国古典の易経の「観国之光，利用賓于王（訳：来賓にこの地域（国）の優れた特色（光）を見（観）せることで，王者の徳の輝きを知ってもらう）」の一文にある。この説を採用する人は，「観国之光」の訳である「この地域の優れた特色を見せる」というところに重点を置いている。すなわち，地域の優れた特色を見ることが観光だという考えである。

　こうした狭義の観光の定義に対して，1969年の観光政策審議会の答申では，観光をレジャー（余暇活動）のうちの非日常生活圏で行われるレクリエーションが観光だと定義している。この観光の定義を理解するためには，余暇活動とレクリエーションの意味を理解する必要がある。

　余暇とは，仕事から解放されて自由に使える時間である。余暇活動は，その自由な時間で行う活動のことをいう。そしてレクリエーションとは，「仕事などの拘束によって疲れた心身を娯楽・運動などによって回復すること」（前田（2010），p.8）である。このレクリエーションは「鑑賞，知識，体験，活動，休養，精神の鼓舞等」（溝尾（2015），p.4）などの内容が含まれている。

　これらの定義を踏まえれば，観光とは，余暇の時間を使っていつもの生活圏にない場所で，仕事などの拘束によって疲れた心身を娯楽・運動などを通じて回復する活動である。そしてその活動範囲は，狭義の観光から運動や休養など

のレクリエーションの活動にまで広がった。

　観光をもっとも広く捉えた定義は,「観光はツーリズム(tourism)だ」という定義である。多くのツーリズムの定義は,国際連合世界観光機構(United Nations World Tourism Oranization)のそれを採用している。その定義とは「継続して1年を超えない範囲で,レジャーやビジネスあるいはその他の目的で,日常の生活圏の外に旅行したり,また滞在したりする人々の活動を指し,訪問地での報酬を得る活動を行うことと関連しない諸活動」である。

　この定義の注目するべき点は2つある。ひとつは観光の活動内容がレジャーとビジネス(仕事)の両方を含むようになったことである。もうひとつは,観光に分類される線引きが「日常の生活圏の外に旅行,また滞在」になったことである。前者は言葉の通りであるが,後者は多少の説明が必要である。

　この定義を多く採用する欧米では,旅行を滞在ではなく,距離で区分している。例えば,アメリカでは100マイル以上旅行した人を旅行者(visitor)と定義している。カナダでは50マイル以上旅行した人を旅行者(travellers)と定義している。つまり,日常生活圏にない,かつある程度の距離を移動し,その移動先で行う非報酬活動はすべて観光に分類されるのである。

　例えば,欧米が定めた旅行基準(距離基準)以上の移動をすれば,レクリエーションに含まれない日帰りの友人・知人・親戚訪問やビジネスの視察活動なども観光に含まれる。当然,どのくらいの距離からが旅行で,または距離を旅行の定義に含めるか否かという点は各国の事情によって異なる。そして,注意すべき点は,たとえ定めた距離以上の移動をしなくても,レジャーやビジネスを目的にした非日常生活圏にける滞在も観光に分類されるということである。

図表5-1　3つの観光定義

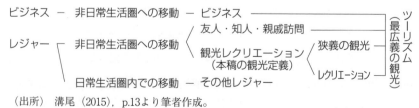

(出所)　溝尾(2015),p.13より筆者作成。

観光を広く定義し，観光学の可能性を広くとらえることは非常に望ましい。しかし，このような定義は，広すぎるゆえの弊害がある。例えば，ビジネス観光では，観光先にビジネスマンにとってビジネス利益に繋がる情報や企業があるかどうかに依存する。すなわち，ビジネスマンを引き付ける情報や企業の存在がその地への観光動機となる。また，非日常の生活圏にある友人訪問や帰省などの観光動機は，その観光先に親戚や友人がいるか否かに依存する。

こうした観光は，既存の観光政策を通じて変化させることが難しい。そのため，本章では観光を「楽しみを目的とする旅行」と定義する。この観光は図表5-1の観光レクリエーションに該当する。

2　松山市にとっての観光産業

松山市は四国の西北に位置し，50万人以上の人口を有し，四国最大の都市である。温暖の気候と平野，および温泉に恵まれ，聖徳太子が入浴したという記録が残るほど早くから開発された地域である。松山という名は，1603年に加藤嘉明が住居地を築城途中の城（現在の松山城）へ移転したときに公にされた。この移転にともなって，この地域の中心が正木（現在の松前町）と道後から松山城周辺に移った。

松山市における多くの重点施設は，松山城を中心に半径2キロメートルの円のなかに収まる。松山城を中心に東には道後温泉，南には三越や高島屋，大街道，銀天街などの商業施設，西には県外アクセスのための松山空港や松山観光港への移動が便利な松山駅，北には愛媛大学と松山大学がある。そして松山城のふもとには愛媛県庁や松山市役所などの官庁が集まっている。

中心部にあるこれらの重要施設からわかるように，松山市は観光客や公務員，学生が集まり，そして彼らに必要な商品を提供する商人によって構成されている。その証拠に，松山の第3次産業の就業者と総生産額が全就業者と全総生産額に占める割合は，戦後のどの時代でも全国平均より高い（松山市史編集委員会（1991），p.162）。現在（平成23年度）では1兆6,300億強の市内総生産額のうち，88.1％が第3次産業，11.1％が第2次産業，0.8％が第1次産業によって構成

されている。就業人数では第3次産業が85.1％，第2次産業が14.5％，第1次産業が0.4％という構成になっている（松山市役所（2015），p.97）。

　観光は，複数のサービス商品によって成り立っている。例えば，松山城を観光したいのであれば，松山城という観光施設への入場料を支払うほかに，松山市までと松山市内の交通サービスを受けなければならない。そして人によっては，長い時間をかけて移動をしたから，ついでに道後温泉にも入浴兼観光し，ホテルまたは旅館で一泊してから帰るという観光プランになる。このプランは，入浴と宿泊サービスも受けることになる。当然，長時間の滞在になるため，観光地での飲食サービスも受けることになる。

　経済の視点を取り入れれば，観光という活動は多くの産業に経済効果をもたらす。その証拠に，松山市における第3次産業の中心を担うサービス産業は観光人口と強い相関関係にある。例えば，1998年4月と1999年5月には，それぞれ第二（神戸淡路鳴門自動車道，通称神戸・鳴門ルート），第三（西瀬戸自動車道，通称しまなみ海道）の本州四国連絡道が開通した。このことによって，本州から多くの観光客が松山市へ観光するようになった。観光客数も1997年の490万弱から1999年の610万強へと跳ね上がった。第3次産業の中心であるサービス産業の総生産額も開通前の1997年の4,130億から2000年の4,646億へ，総生産額も1兆5,655億円から1兆6,305億円へと上昇した。

　こうした観光による経済効用を見込んで，政府は観光政策を重要視する。当然，魅力的な観光資源をもつ松山市も観光政策を重要視している。松山市にとって，複数の産業によって構成される観光産業は産業の活性化や雇用の促進を支えている。

第2節　視角としての小売マーケティング論

　本節では，小売マーケティング論が観光産業の分析にとって有用な理由，および小売マーケティング論を構成する諸概念のうち，観光産業の分析に適して

いない概念を析出する。

1　小売マーケティング論の有用性

　小売マーケティング論は，消費者が欲しい商品の品揃えや買物環境などの提供を通じて，消費者に便利や楽しい買物を提供することを第一に考える学問である。小売業者は，商品の再販売を目的とするマーケティング諸活動を通じて，収益を獲得している。小売マーケティング論は，一見，観光産業の分析および観光政策への有用な示唆を与えるように思えない。また，複数の産業によって構成される観光産業のうちの一産業のマーケティング論に過ぎないという批判もあろう。

　本章では，小売マーケティング論を小売業（すなわち最終消費者への再販売業）にのみ通用する学問として捉えていない。小売マーケティング論の商品計画（品揃え）や情報提供政策（陳列や人的販売），および買物環境の形成などの概念は，商品の再販売を主な目的としない観光産業の分析にも貢献できると筆者は考える。

　例えば，ある人が自らの目的に沿った観光をするには，複数のサービス商品が必要である。そのため，観光地はこれらのサービス商品を揃える必要がある。特定の顧客層に必要なサービス商品とは何か，どのくらいの数量を用意すればよいかの問題にヒントを提供できるのが，小売マーケティング論における商品計画（品揃え）という概念である。また，その観光客に計画した以外のサービス商品も観光地で購入してもらいたい場合は，情報提供政策のうち，陳列と人的販売という概念が有用であろう。

　このように小売業のために生み出された小売マーケティング論という学問は，何も小売業のみに有効なものではない。観光産業の分析にも貢献する。ただ，その限界もある。例えば，日本の小売マーケティング論は，有形財（モノ）の再販売を前提にした学問であるため，無形財（サービス）の特性を含めた販売理論には弱い。無形財は生産と消費の同時性という特性がある。この特性を踏まえると，商品の生産プロセスは販売の良し悪しにも影響するため，サービス

の生産プロセスが販売への影響についても考慮にいれなければならない。こうした不足は，欧米の小売マーケティング論[1]やサービス・マーケティングで補足していく必要がある。

しかし，本章の目的は小売マーケティング論の視角をもって，松山市の観光産業の現状分析とその課題を析出することにある。そのため，サービス・マーケティングなどで補足する必要がある部分は，限界として残しておく。

2 ターゲット選定と立地政策の除外，および本書の分析対象

小売マーケティング論に従えば，マーケティング諸活動を計画する前に，計画者はまずターゲット（買物顧客）を選定する必要がある。しかし，このターゲットが選定できるという前提は，観光産業にとって極めて難しい。なぜなら，マーケティング論では，マーケティング計画者が選択したターゲットに合わせた商品を提供できるという前提に立っているからである。

だが，観光産業の場合では，ターゲットに合わせて商品（観光先）を提供するというよりも，商品が事前に決まっていることが多い。例えば，若者を引き付ける沖縄の砂浜や南国の天気，または外国人観光客を強く引き付ける京都の歴史施設などがそうである。これらは，マーケティング計画者によって作れるものではない。

そのため，観光産業のマーケティング計画者はターゲットの選択からではなく，既存の観光資源によって引き付けることが可能なターゲットの析出から始まる。その次でそのターゲットに合わせたマーケティング諸活動の計画を考えていくという順序になる。

当然，小売業が商圏を考慮にいれた店舗の立地政策という概念も観光産業に馴染まない。小売業は立地候補地への交通手段や自ら選択したターゲットなどの条件で商圏の広さと予想収益を計算し，立地を決定する。しかし，観光産業の場合は，観光資源の立地場所がほとんど所与となっているため，立地を選択することができない。その代わり，どこが商圏になりえるかを考える。例えば，

900キロメートル離れた東京から松山市へ飛んでいる飛行機がない状況下では，東京を松山市の観光産業の商圏（市場）として計算することは難しい。しかし，直通の飛行機が飛んでいる現在では，東京は商圏のひとつとして入る。

つまり，小売業の場合は立地候補地への交通手段とターゲットなどの条件で，立地場所を選択するのに対し，観光産業の場合はターゲットと立地，および観光地への交通手段が所与となるため，立地政策という概念も観光産業の分析に向いていないのである。

もちろん，観光動機を駆り立てる観光先を自然や歴史施設ではなく，ゴルフ場や水族館などの建設可能な施設と考えた場合は，ターゲット選定が可能になる。当然，そうしたターゲットに合わせた立地政策もたてられる。例えば，ディズニーリゾートなどがそうである[2]。しかし，本章はこのような移動可能な観光産業を前提にしていない。地域振興の視点から観光産業を分析する。すなわち，立地先が所与でありかつ地元住民でない観光客をターゲットにする観光産業に限定する。そのため，ターゲット選択と立地政策の分析概念は除外される。

第3節　松山市における観光産業の品揃え

1　品揃えと観光産業

小売業にとって品揃え（商品計画）という概念は，ターゲットが欲しい商品を適切な量と適切な時間（在庫計画）で店舗に揃えるために必要な概念である。その成否の判断基準は，それらの商品とその適切在庫が店舗にあるか否かにかかっている。

この概念を観光産業の分析に用いるには，観光産業が提供する諸サービスを商品に置き換える必要がある。本章では観光産業が提供する諸サービスを観光商品と呼ぶ。そのうちの単体で観光客を引き寄せることができる観光商品を観光コア商品とする。松山市の場合では，松山城と道後温泉がそれにあたる。

また，小売業の在庫計画ではストックという考えをするのに対し，観光産業の場合は無形財であるため，ストックよりもキャパシティという考えの方が適切である。次項では，松山市の観光コア商品である松山城と道後温泉はどのような顧客を引き寄せ，そしてどのような観光商品がその顧客に提供されているかについて検討する。

2　松山市の観光商品の品揃え

　松山市の48.8％の観光客は道後温泉本館の建物を見学し，36.1％の観光客は松山城の山頂広場まで登る（鈴木，奥村編著（2008），p.70）。こうしたデータから分るように，松山市の観光コア商品は，道後温泉（道後温泉本館を含む）と松山城である。本項以降は，この２つの観光地の紹介と彼らが引き寄せる顧客の特徴について説明する。そして，松山市にある観光コア商品以外の観光商品について紹介し，２つの観光コア商品の顧客層との関係について考察していく。

　道後温泉は日本最古の温泉のひとつに数えられている。奈良時代の「（伊予国）風土記」や「日本書紀」のなかに登場するほど古い温泉地である。平安末期では河野氏一族が伊予を支配するようになってから，道後温泉に温泉館が立てられ，その経営は石手寺が行うようになった。その後は時代の変遷に従って，道後温泉は増改築を繰り返し，その管理者も町奉行所から道後御茶屋番に，そして明王寺，やがては現在の市が管理するようになった。当然，日本の温泉100選のベスト10のなかにも選ばれている（経済観光新聞社，IRC『調査月報』No.263）。

　道後温泉の中でも，道後温泉本館が有名である。道後温泉本館は1894年に建てられ，有名なスタジオジブリのアニメーション映画『千と千尋の神隠し』のなかの風呂屋のモデルにもなっていて，国の重要文化財にも指定されている。年間100万以上の人が入浴する（松山市役所編（2015），p.195）。

　1955年まで，道後温泉で入浴するためには，宿泊施設のない道後温泉本館などの外湯[3]にまで出かけなければならなかった。しかし1956年には，顧客需要の変化と道後温泉本館周辺の旅館の要請により内湯[4]が引かれるようになっ

第5章　松山市における観光産業の現状と課題

た。

　入浴習慣のある日本人にとって，入浴時の開放感があって，そして独特の硫黄の匂いがする温泉は，老若男女問わず広く好かれている。近年では，一人でも温泉に行く人もいるが，多くの場合は家族や友人と一緒に行く。

　一方の松山城は1602年に加藤嘉明によって築城が始まって，完成したのは1627年である。その年に，加藤嘉明は会津に国替となり，代わりに蒲生忠知が城主になったが，参勤交代時に病没した。その後は徳川家康の甥にあたる松平定行が1635年に城主の座に着き，その一家が幕末まで松山藩主として松山を治めてきた。

　松山城は，現存天守十二城（江戸時代以前に作られた天守閣）のひとつであると同時に，日本三大平山城[5]と日本三大連立式[6]平山城にも数えられている。そのうちの戸無門や隠門，乾櫓，野原櫓などの21の建築物が国の重要文化財に指定されている。また，現存天守のうちに唯一三つ葉葵紋の瓦がついている城でもある。日本の城が好きな人にとって，松山城は大変魅力的な観光スポットである。

　松山市の2つの観光コア商品は，入浴文化のある人と日本の城が好きな人を引き寄せる。つまり，松山市の観光産業の主なターゲットは日本人になる。その証拠に，2014年松山市へ来た全観光客数が570万人強であるのに対して，外国人観光客は8万9千人である。それは全体の1.5％強[7]に過ぎない。これは沖縄の24％（2015年，150万人強）[8]と京都市の8.6％（2013年，112万8千人）[9]よりはるかに少ない。

　そして，観光客の年代でも差が出ている（図表5-2）。また，県外観光客の発地別（図表5-3）と利用交通手段（図表5-4）にも大きな特徴がある。

図表5-2 観光客の年代別分布

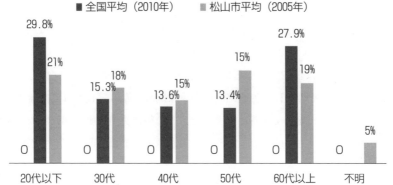

注：2005年以降の松山市の観光客年代別のデータがなかったため，異なるデータで比較した。
（出所）：国土交通省観光庁『2010年旅行・観光消費動向調査　年報』（http://www.mlit.go.jp/kankoccho/siryou/toukei/shouhidoukou.html 2016年3月10日アクセス）と鈴木，奥村（2007），p.69より筆者作成。

図表5-3　愛媛県の観光客発地別内訳（2011年）

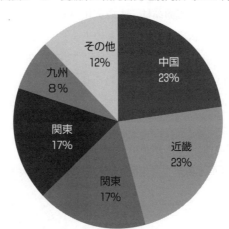

（出所）：愛媛県庁『平成23年観光客数とその消費額』（http://www.pref.ehime.jp/h30200/1196871_2228.html　2016年3月10日アクセス）。

第5章 松山市における観光産業の現状と課題

図表5－4　松山市の観光客の交通機関別利率（2014年）

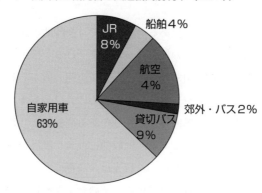

（出所）：松山市『平成26年松山市観光客推定表』（http://www.city.matsuyama.ehime.jp/shisei/kakukaichiran/sangyoukeizaibu/kankokokusai.files/kankoukyakusuitei-H26.pdf 2016年3月10日アクセス）より筆者作成）。

　これらのデータから推測できるように，松山市は近隣県および地域からの30〜50代の家族，友人連れが中心である。この年代の多くの人は元気で人生経験と知識の蓄積もあり，そして大変忙しいため，短い旅行期間でリラックスができ，かつ文化的雰囲気のある観光先を好むということが予想できる。

　観光コア商品が引き寄せる顧客層に対して，松山市の観光産業はどのような関連観光商品を有しているだろうか。関連観光商品とは，ターゲットにより実りの多い観光をしてもらう観光商品である。その商品は，観光地までの交通サービス，観光地での飲食サービスと宿泊サービス，観光先の名産品を販売する小売サービス，および観光先での時間を充実させる観光コア商品ではない観光施設の5つに分類できる。

　まずは松山市の交通サービスから検討する。松山市への観光客の多くは自家用車を使用しているというデータから，交通サービスはさほど重要でないと考える人もいる。しかし，慣れない観光地での運転や市内で駐車場を探すことは容易でない。そのため，松山市にとって交通サービスは，重要な観光商品である。松山市には市内を隈なく走る路面電車とバスが交通サービスの中心を担っている。そのサービスの行き届かない分はタクシーが補っている。また移動を

95

適度の運動やその道中の観光という視点から提供するレンタルサイクルというサービスもある。

　二つ目は飲食サービスである。観光地では長時間の滞在を要するため，ほとんどの観光客は観光先での飲食サービスを受ける。松山市内には愛媛県の郷土料理である鯛めしや松山鍋焼きうどん，松山鮨の店がある一方で，全国のどこでも食べられる飲食店やひと休みするためのカフェも多くある。それらの飲食店とカフェは共に，大衆向けから拘りのある高級店まで豊富に揃えている。

　三つ目は宿泊サービスである。一般的に温泉や風呂を入浴したあとは，ゆっくりしたい。温泉地を目的にした観光は，尚更である。道後温泉の周りには多くの宿泊サービスが提供されている。そのランクや種類は多様である。そしてもっと手頃の宿泊施設を求めたいのであれば，道後温泉から路面電車で15分ほど離れたところにそういった宿泊施設もある。

　四つ目はお土産の販売サービスである。旅行した後は，お世話になった人や思い出のためにお土産を買って帰る。愛媛県のお土産としては柑橘とじゃこ天，今治タオル，砥部焼が大変有名である。松山市にはこれらの名産品を扱う小売店があちらこちらにあり，購入に不便を感じることはほとんどない。

　最後に，観光先での時間を充実させる観光コア商品ではない観光施設について検討する。道後温泉や松山城のような観光コア商品に引き寄せられた観光客は，自らの観光体験をより充実させるために，観光コア商品以外の観光施設も回遊する。ここで重要なことは，観光コア商品に引き寄せられた顧客層が興味をもつ観光施設があるかどうかである。

　道後温泉と松山城を除いた松山市の観光施設は大きく2種類に分けることができる。ひとつは松山市立子規記念博物館や子規堂（正岡子規の生家），秋山兄弟誕生地，および萬翠荘などの知的刺激を受ける観光施設である。もうひとつはゴルフ場やお寺といった心身のリラックスをもたらす観光施設もある。この2種類の観光施設はともに，前述した松山市に引き寄せられた観光客（働き盛りの30～50代の家族と友人連れ）の観光需要と符合するであろう。

　以上のように，松山市の観光コア商品に関係する観光商品の品揃えは大変充

実している。その不足点をあえて指摘するなら、それは提案型の観光商品の不足である。品揃えという理論の中には、顧客の現在需要を反映する適応型商品と、顧客にとって未知であるが理解すれば有用になるであろうという提案型商品の2つに区分して商品構成を検討する考え方がある。この考え方は、適応型商品で売上と収益を確保する一方で、提案型商品を通じて需要の創造や競争他店との差別化、および顧客に来店の楽しさを感じてもらうことを目的にしている。

この考え方を松山市の観光産業に適応すると、松山市の提案型の観光商品が不足していることが明らかになる。前述した商品は、類似した顧客層を引き寄せる観光地であれば、どこもがほとんど所有しているものである。もし松山市に他の観光地にまだ提供されていない観光商品を自らのターゲットに提案することができれば、観光産業の見通しはもう少し明るくなるであろう。

第4節　松山市における観光産業の情報提供

ターゲットにとって必要な観光商品を揃えているというだけで、観光商品の消費が増加すると考えることは間違いである。観光商品をターゲットに知らせる必要もある。すなわち、観光商品の情報提供も重要だということである。

観光商品の情報提供に良い視角をもたらす概念が陳列と人的販売である。本節では、第2項までは陳列と人的販売の概念とその概念が観光産業の情報提供にどのような分析視角をもたらすのかについて述べる。第3項では、この分析視角を使って松山市の観光産業を見ていく。

1　陳列と観光産業

前節で述べた品揃えは、顧客にとって必要であろう商品を適切な量で適切な時間で揃えようという概念である。しかし、品揃えの良さだけでは商品は売れない。例えば、今日は鳥鍋を食べようと決めた顧客が、スーパーへ行って白菜

とねぎ，だし汁，鳥肉を購入しょうとした。しかし，白菜は野菜置き場にあり，ねぎは間違えて素材売場に置いてあるとしたら，何人かの顧客はねぎを買い忘れるかまたはねぎが品切れしたと考え，結果としてこの店でねぎの購入をしないことになる。つまり，店舗には顧客がほしい商品があるにも関わらず，売れないという現象が発生するのである。

このような現象を減少させるための概念が陳列である。陳列はターゲットの買い物目的に合った複数の商品を近く，そして彼らの買い物習慣に合せて順序よく並べるための概念である。この陳列の良し悪しは顧客の購買点数に大きく影響する。注意すべき点は，陳列は顧客が計画した商品の購入を助ける役割に止まらず，顧客へ商品提案の役割も持つということである。

例えば，先の例で挙げた鳥鍋を食べようとした顧客が必要と考えた商品の近くに椎茸とつくねが置いてあるとしたら，その顧客は椎茸とつくねが鳥鍋の旨味を増加させそうだと判断すれば，それらの食材も一緒に購入する。この顧客にとって，白菜やねぎ，鶏肉，およびだし汁は計画通りの買物（計画購買）であるのに対して，椎茸とつくねは計画にない買物（非計画購買）になる。日本における計画購買と非計画購買の割合研究では，非計画購買が計画購買より多くなるのが一般的である（流通経済研究所　編（2008），pp.32～33）。つまり，陳列の良し悪しによって，売上が変わるということである。

これは観光産業にも言えることである。例えば，観光施設の近くには必ずその観光施設と関係する記念品を販売する小売店がある。それは，観光施設へ来た思い出を持ち帰りたい顧客のための陳列である。また，記念品を販売する小売店と並ぶように小規模な飲食店も設置されていることがよくある。それは観光に疲れた顧客にここで少し休んでは如何ですかという提案である。この他にも，いま観光している観光施設と関係する他施設のパンフレットが置いてあることも，広い意味で陳列による情報提案といえる。

観光産業にとってこの陳列という概念は，観光コア商品の周辺，またはその最寄駅から目的地への間に提案したい観光商品が効率良く提示されているかどうかの分析に貢献する。

2 人的販売(人的情報提供)と観光産業

　人的販売は小売店が情報を提供するもう一つの方法である。この概念は,陳列による情報提供の限界を補うための概念である。陳列による情報提供の前提は,顧客がその商品について理解していることである。もし顧客がその商品についてよく理解していない場合,すなわち,その商品が自らの問題にどのように貢献するかを知らない場合,その商品を購入しない。例えば,iウォッチには健康管理をしてくれる機能があることを知らなければ,いくら健康管理に対して需要のある顧客がいてもiウォッチは売れない。

　このような人による説明が必要な新商品は,人による情報提供,すなわち人的販売が必要である。人的販売の最大のメリットは,顧客に合わせた情報提供ができるということである。顧客に合わせた情報提供は,需要の取りこぼしを陳列による情報提供よりも減らすことができる。しかし,人による情報提供は商品コスト・価格を高める側面がある。そのため,陳列と人的販売の両方,それともどちらかのみでの情報提供の選択は極めて難しい。

　しかし,本章では観光産業の経営効率の分析を範疇に含めないため,この分析を除く。次項では,陳列と人的販売の観点から観光地における情報提供が十分であるかどうかの分析に留める。また,小売業では人による商品情報の提供は販売とセットになるため,人的販売という名になっている。それに対して観光産業の場合は商品をその場で販売するよりも情報提供に留めることが多い。そのため,以降では人的販売ではなく,人的情報提供という言葉に置き換える。

3 松山市の観光産業による情報提供

　道後温泉と松山城は,松山市の観光コア商品である。松山市に訪れるほとんどの観光客はこの2つの観光地を訪ねる。松山市の観光産業にとって,道後温泉と松山城での情報提供は自らの収益に大きく影響する。本項では,松山市の観光商品が道後温泉と松山城の周辺にどのように配置されているかについて見ていく。

道後温泉のうちの道後温泉本館は，松山市へ来た48％の観光客が訪れる観光地である。道後温泉本館の正面には，道後商店街の入り口がある。その周りには多種多様な旅館とホテルが立ち並ぶ。そして，各宿泊施設は道後温泉本館へ出掛けるための入浴セット（タオルやシャンプーなどが竹籠に入っているセット）を無料で貸し出している。多くの観光客は，入浴セットをもって道後温泉本館に出かけて入浴する。

　道後温泉本館を観光したほとんどの人は，道後商店街に入っていく。商店街のなかには愛媛県の特産品である柑橘類やじゃこ天，砥部焼，および今治タオルなどを扱う土産屋が溢れている。そして休憩や座って会話するためのカフェや飲食店もある。この他にも，旅先で急に必要となったものを購入するためのコンビニエンスストアや娯楽施設のパチンコ屋，または道後温泉本館と深いつながりのあるスタジオジブリの専門店までも揃っている。この商店街はまさに道後温泉の観光客のためにある商店街だといえる。

　道後温泉本館に程近いところには，松山市立子規記念博物館がある。博物館は，正岡子規の生い立ちと世界観をテーマにした大変知的刺激のある観光施設である。そして，道後温泉から車で15分ほど行ったところにはゴルフ場があり，道後駅前からは松山空港行きのリムジンバスも出ている。道後温泉を目的にした観光客にとって，道後温泉と関係する観光商品が道後商店街のなか，または道後温泉本館の周辺に集中配置（陳列）されていることは大変便利である。換言すれば，陳列を通じた情報提供が成功しているといえるであろう。

　続いてはもうひとつの観光コア商品である松山城とそれに関係する情報提供について見ていく。松山城の山頂へ行くには，路面電車の大街道駅から徒歩でロープウェイ商店街を上って，その途中にあるロープウェイ駅舎からリフト，または駅舎横の入口から徒歩で上っていくという方法がある。ロープウェイを利用した場合は長者ヶ原（山中降口）で降りてそこからは徒歩で松山城の山頂へ向かう。

　長者ヶ原と松山城の山頂には簡単な飲食店兼土産屋がある。そしてロープウェイ商店街には，砥部焼や今治タオル，または柑橘類等の商品を置いた小売

店が複数ある一方で，愛媛県の郷土料理である鯛めしやじゃこ天などを販売している飲食店も数多く立地している。またおしゃれなカフェや便利を売りにするコンビニエンスストアもある。

　ロープウェイ商店街の途中に少し入ったところに日露戦争の勝利に貢献した秋山兄弟生誕地があり，大街道駅側の出口を右折して，少し歩いたところには坂の上の雲ミュージアムと萬翠荘がある。坂の上の雲ミュージアムは松山市というフィールド（場所）をミュージアムと考えて，松山市に関わる歴史や人物などの紹介を通じて松山市を詳しく紹介する。その目的は，観光者に松山市をよりよく知ってもらうと同時に，市内の他の観光施設にも足を運んでもらうことである。そして，萬翠荘は松山藩主の子孫である久松定謨が建てた，歴史を感じるフランス風の別邸である。これらの観光施設はロープウェイ商店街上にないが，その行き方は分かりやすく表示され，そしていずれもロープウェイ商店街から程近いところにある。

　以上のように，松山市の主要な観光スポットである道後温泉と松山城はともにすぐ傍に商店街がある。その商店街に観光客に必要な観光商品が多く集まっている。他の観光施設も程近いところにあるため，観光客にとっては大変分かりやすくなっている。そして，前節末で指摘したように，松山市の観光産業には提案型の商品が少ないため，人による情報提供の必要性はほとんどない。

第5節　今後の課題

　これまで小売マーケティング論の品揃えと陳列の概念を用いて松山市の観光産業の分析を行ったが，最後に今後の課題について述べたい。松山市の観光産業は，道後温泉と松山城が引きつけるターゲットに合うような観光商品を揃え，そしてそれらを道後温泉と松山城の傍にある商店街や徒歩圏内に集中的に配置している。こうした観光商品の構成（品揃え）と配置（陳列）は優れているとはいえ，欠点も存在する。

その欠点とは，第3節末で指摘した提案型の観光商品がほとんど見当たらないことである。現在，小売業にとって，他店との同質化が深刻な問題になっている。なぜなら，同質化によって，価格競争に陥りがちになるからである。この現象を観光産業に置換えれば，観光客がより近い観光地を選ぶということに置き換えることになるであろう。

　こうした同質化を避けるために，日本小売業は近年コト消費という概念に注目している。コト消費とは，楽しい体験である。そして小売店は，顧客に普段ではあまり体験できない楽しさを提供することによって，集客力と来店頻度，およびサービス商品の売上構成を高めようとしている。観光産業はもともとサービス産業であるため，小売業のようにモノからサービスの販売割合を高めることができないため，他の類似した観光地との差別化が必要となる。それには消費者にとって新しい体験になる観光商品，すなわち提案型観光商品の開発が今後の課題といえるであろう。

〔注〕
1) 欧米の小売マーケティング論では，有形財，無形財に関わらず最終消費者に商品を販売することを業にするものは，すべてが小売業として分類される。その証拠に，小売経営のテキストのなかに銀行や航空会社などのサービス小売の事例を挙げている（Levy and Weitz (2008))。ただし，無形財を専門的に扱うサービス・マーケティングと比較すると，その説明は不足している。
2) ディズニーリゾートの内部に入っているアトラクションや飲食店，そして最寄駅からディズニーシーやランドへ移動するモノレール，およびディズニーシー内部のホテルなどを複数のサービス産業によって構成された観光産業として捉えれば，移動が可能な観光産業になる。
3) 外湯とは，宿泊施設を伴わない公衆浴場である。
4) 内湯とは，旅館内に温泉を引いて作った浴場である。
5) 平山城とは，平野のなかの山や丘に築城されている城である。
6) 連立式（天守）とは，天守の平面構造が天守と複数の小天守，および櫓を渡櫓などで環状につなげた天守をいう。
7) 松山市『平成26年松山市観光客推定表』(https://www.city.matsuyama.ehime.jp/shisei/kakukaichiran/sangyoukeizaibu/kankokokusai.files/kankokyakusuitei-H26.pdf 2016年3月10日アクセス）。
8) 沖縄県『平成27年入域観光客統計概況』(http://www.pref.okinawa.jp/site/bunka-

sports/kankoseisaku/kikaku/statistics/tourists/h 27 -c-tourists.html　2016年3月10日アクセス）。
 9)　京都市『京都市統計書』(https://www 2.city.kyoto.lg.jp/sogo/toukei/Publish/YearBook/index.html 2016年3月8日アクセス)。なお，京都市は総観光客に対する外国人観光客のデータを採っていない。そのため，本書ではより現実に近い京都市への宿泊顧客のうちの外国人顧客のデータを用いている。

【参考文献】

(1)　Levy, Michael and Weitz, Barton A. (2008) Retailing Management Seven Edition, McGraw-Hill.
(2)　清水滋『21世紀版　小売業のマーケティング』ビジネス社，(1993)。
(3)　鈴木茂，奥村武久『「観光立国」と地域観光政策』晃洋書房，(2007)。
(4)　成田景堯，山本和孝「楽しい売場作りへの模索～コト消費を中心に～」『流通ネットワーキング』2016年5・6月号，日本工業出版，(2016)，pp.47～52。
(5)　前田勇『現代観光総論〈改定新版〉』学文社，(2010)。
(6)　溝尾良隆『改訂新版　観光学　基本と実践』古今書院，(2015)。
(7)　松山市史編集委員会　編『松山の歴史』松山市役所，(1991)。
(8)　松山市役所　編『松山市統計書　各年版』松山市役所，(2015)。
(9)　流通経済研究所『インストア・マーチャンダイジング』日本経済新聞出版社，(2008)。

第6章 南部鉄瓶の伝統と革新

第1節 南部産地の形成

　岩手県の南部鉄瓶は盛岡が発祥の地として全国にその名が広く知られているが，他に茶釜などを中心に発達してきている。中野（2005）によれば，鉄瓶がつくられ始めたのは江戸時代後期であり茶の湯釜とほとんど同時期である。御用釜師・御用鋳物師として甲斐国から召し抱えられた流れによる有坂氏，鈴木氏，藤田氏と京都からの小泉氏の4家に家禄を与えて南部鉄瓶を本格的に製作するようになっている。その作品は，それぞれ個性豊かな伝統の工芸意匠をこらし，寂の世界に多くの名品を残している。石倉（1989）による伝統産業の要件は，⑴伝統性，⑵芸術性，⑶空間性の3点に集約できる。共通の特徴として，松下（1977）は次の4点を挙げている。⑴中央から離れた地方の小都市や農山村に存在する，⑵日本固有の伝統的な生活様式に密接に関係する日用品や趣味品をつくっている，⑶江戸時代に藩の奨励，保護を受けて，地方の名産品として個性的で，かなり水準の高い技術水準に到達している，⑷原材料に恵まれる，ことなどから発達してきている。

　このようにして産地を形成し，1975年に通商産業大臣指定第1号を受けた南部鉄器は伝統的工芸品となっている。これは，伝統的工芸品の産業振興に関する法律によるものである。その指定条件は，次の5項目である。

　⑴　主として日常生活に用いられているものである。
　⑵　主要製造工程が手作りである。

(3) 技術・技法の基本が，江戸時代以前に確立している。
(4) 主要原材料が，江戸時代以前にも使われている。
(5) 一定の地域内に，約10企業か，30人くらいの人が従事し，いわゆる産地をつくっている。

わが国の伝統的工芸品で最初に認定を受けた伝統工芸士も認定No.1からNo.5までを南部鉄器の名工が占めている（砂子沢三郎氏，金澤専治氏，及川鉄氏，佐藤敏郎氏，浅田薫氏）。

それまでの産地の伝統と近代化の厳しいはざまで鉄器関係者たちが結集し，組合を結成している。1900年に鉄瓶組合，1937年に南部鉄瓶工業組合，1945年に，南部鉄瓶組合がそれぞれ設立されて南部鉄器協同組合へと続いている。

写真 6-1

世界一を誇る南部鉄瓶（重量350kg　容量380リットル）

第2節　伝統技能の伝承

南部鉄瓶の技能の伝承者を養成するものに徒弟制度の修行がある。林部・雨宮（2007）によれば，親方の教え方は，独特なもので，やって見せ，やらせてみる。そして，直して見せるというやり方である。親方は，ある部分の製造を自ら行い，それを弟子に見せる。このとき親方は弟子に，その工程が何なのか，

第6章　南部鉄瓶の伝統と革新

どこに気をつけるべきか，道具をどのように使うか，などについてほとんど説明しないのである。弟子は，親方のすることを何度も見て，その工程の知識と技のコツを自ら会得しなければならないのである。

これに対して効果的に技能伝承を進める仕組みを，河村（2010）は，(1)経営戦略・方針確立，(2)保有資源の把握，(3)教育戦術・計画の作成，(4)教育環境の整備，(5)教育の実施，(6)教育効果の測定・評価，(7)技能伝承システム化，(8)教育改善，の8ステップでPDCAサイクルが構成されるものを主張している[1]。

1　製作工程

南部鉄瓶の製造は，株式会社岩鋳（2008）によれば，68工程[2]も及び，高度な技術と経験を必要とする。前述のように，手取り足取り教えないものである。見て，自分でやってみる，それの繰り返しである。そして覚えていくものである。南部鉄瓶づくりは，親方・中堅職人・弟子の3人1組で仕上げていくので，3人の気持ちが合わないと良い作品は生まれないものである。見て覚え，失敗して学ぶものである。

この南部鉄瓶の製作工程は(1)木型の製作，(2)種物の製作（口環付，つまみ），(3)鋳型の製作（胴型，尻型，中子，ふたの上型，下型，(4)鋳造（溶解，鋳込み），(5)仕上げ（手直し，釜焼き），(6)着色，(7)鉉付け，の7工程になっている。下記では

写真　6-2

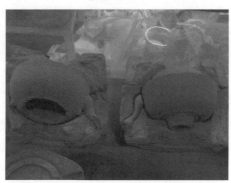

南部鉄瓶の中子取り型

南部鉄瓶の(1)形，(2)文様，(3)構想，(4)木型，(5)種物，(6)鋳型の制作，(7)中子取り型，(8)文様押し，(9)肌付け，(10)鋳造，(11)仕上げ，(12)着色，(13)鉉の製作，(14)完成，などの南部鉄瓶造りの技を概観する[3]。

(1) 形

南部鉄瓶の形はおおむね，(1)茶の湯釜の形の鉄瓶，(2)湯釜の形にとらわれない鉄瓶，(3)身近な物を形どった鉄瓶，(4)動・植物を形どった鉄瓶，(5)伝統を打ち破った形の5種類に分類される。

(2) 文　　様

南部鉄瓶の文様は花鳥風月，いろいろな生物と自然をテーマにしたものがある[4]。最も多いのは花である。花以外の植物では松がある。次に多く採り入れられているのは竹である。

(3) 構　　想

南部鉄瓶の形，文様，注ぎ口の大きさと形，蓋の文様とつまみの形，鉉の形そして着色など立体としての全体像並びに寸法を構想しながら作図する。

(4) 木　　型

南部鉄瓶の木型は，鋳型を造るため型を挽く定規である。紙型に南部鉄瓶の半径を作図し，その紙をステンレス製の板に切り写し，中心線から2～3mmの外形線の違いにより南部鉄瓶の肉厚を出すものである。

(5) 種　　物

南部鉄瓶の種物とは，鉄瓶の注ぎ口，鐶付き，蓋のつまみのことで，本体鋳型，蓋鋳型の別部材として作られ，それが鋳型製作の進行の過程で一体になり鋳造される。

(6) 鋳型の製作

　南部鉄瓶の鋳型本体の製作は胴型と尻型の２つに別れる。実型という素焼きの約３センチ厚さの円筒状のさやを使うものである。胴型は，中心線で２つに割れるように内部に箆目が入れてあり，それをたがねで２つに分割してから，２つを合わせ，約４ミリの鉄線で２か所にたがを掛けておき，鋳造後たがをはずし，鋳物を２つに割り本体を取り出すものである。

(7) 中子取り型

　南部鉄瓶の中子を作るための型であり，さきの本木型より厚み分だけを取った木型で鋳型を作る要領で作り上げ，型焼きをしておくものである。

(8) 文様押し

　南部鉄瓶の文様は，出来上がりが浮き彫り表現になるため鋳型では高いところが低くなる。そのため，様々な道具を用い押して文様を表現する。文様押しの道具は，鋳物師が真鍮などで造り鋳物師の心が表れるものである。

(9) 肌付け

　南部鉄瓶の表面に現れる鋳肌は，鉄瓶の品格を表し，鋳物師のわび・さびの心が表れる。押し文様のある肌には，タンポを使用することにより，模様には肌を入れずに鮮明にあらわすことができる。肌のみの表現では，天明・梨地・柚子・刷毛目等がある。また，真砂と真土を使い，器面の一部に，くさり，くずれ，虫食い，羽欠き等をつくって鉄の枯淡の美をあらわしていくものである。

(10) 鋳造

　煙突状の筒を作り，中間にロストルを置き，下部に風穴を開け，上部に火出口を作り，鋳型を裏返しに置き，内面を炭火によって約800度～1,000度程度に焼き上げるものである。焼き上がった鋳型には，細かい焼割れが生ずるので，灰真土あるいは雲母粉によって補修し，鋳造日前日に鋳型全体の水分を除去す

るため炭火で乾燥させるものである。

(11) 仕上げ

　鋳型から取り出した鉄瓶の中子を取り除き，鋳張りを金槌やヤスリ等で叩き，削って形を整え，つまみの虫食いや鐶付きの穴などの土を取り除き，金ブラシで全体をきれいに仕上げした後，釜焼きと称し，大き目のさやに下火を敷き，鉄瓶を裏返しにして置き，炭で鉄瓶を包むように重ね，あおいで火をおこし，800度から1,000度くらいで焼き，鉄瓶の内面に腐蝕に強い磁性酸化被膜を作り，真赤に焼けた鉄瓶を取り出して，円錐型の鉄で口のひずみを整えておくものである。

(12) 着色

　南部鉄瓶を約200度から300度に熱し，表面から艶が消え，淡い紫色の被膜ができたときを限度に，膝で下塗をほどこすものである。このときの下塗は，生漆と紅殻を練り合わせたものや黒漆を用い，鉄瓶を熱しながらクゴ箒で満遍なく焼き付けるものである。下塗を終えた鉄瓶に，火熱を加えながら，おはぐろ，または茶汁を刷毛で塗り付け，ひと刷毛ごとに表面が乾くよう，水分と温度を調節しながら繰り返し，色合いを見ながら，絞ったぬれ布巾で拭き，おはぐろ，滓や茶汁滓をぬぐいとり，納得のいく色調に仕上げていくものである。

(13) 鉉の製作

　南部鉄瓶は本体に鉉が取り付けられることによって完成する。鉉は鉄瓶にとって欠かすことのできないものであり，鉉のない鉄瓶は鉄瓶ではなく，鉄瓶のない鉉は独立して存在する理由がないものである。

(14) 完成

　着色された鉄瓶本体に鉉が取り付けられ，鉄瓶としての完成を見るものである5)。鉄瓶が完成するまでには，その製作の過程の中での細かい心づかいや独

特な技術と長い体験が必要であり，土の練り合わせ，型焼きの度合，湯の状況，返し湯の時期，釜焼きの火加減，着色の温度等々，すべて自身の体験によって，より美しく，より良い作品をと努力されてきたものである。

2　匠の技の伝承

　匠の技は，その表現や伝達が困難であり，容易に模倣できないがゆえに，持続的競争優位を確立する重要な源泉である。技能は，叩く・擦る（磨く）・切る・突く・熱する・曲げる等々の手技が中心になり，それぞれ動作を補助する機械や補助材を組み合わせた技術的能力の蓄積であり，記憶系（暗黙知）の能力であるため，清水（2004）は，見る，聞く，真似る，しか伝承の方法は無いように考えられると指摘している。この記憶系（暗黙知）の能力を高める要件は，(1)繰り返し行なえる同様の作業がある，(2)身近に自分より優れた能力を保持する先輩や同僚がいる，(3)高めようとする技能に関係する記録系（形式知）のデータが入手可能な環境にある，(4)技能者自身に能力を高めようとする意欲がある，などである。こうした要件が完全に揃っていれば，人間は，五感と言われる視覚・聴覚・臭覚・触覚・味覚を駆使した情報収集能力，加えて第六感と言われる感をたよりにした挑戦的判断力の行使と経験の積み重ねによって，脳に記憶される暗黙知のデータを駆使して，脳より発信される信号によって五体は動き作用するのである。さらに言えば記録によって残された形式知のデータを主に視覚・聴覚から得て，さらに脳で演算してあらたな信号を発信し，作用することの繰り返しによって技能は，熟練し高度化すると考えられるものである。匠の技は，一般化，客観化して，言葉で表現して伝えることのできない知識，マニュアル化できない知識である。しかし，暗黙知の習得を支援する手段として，指導者が匠の技を実演してみせるほか，できるだけ文章と動作や写真などを組み合わせたマルチメディア教材などの利用も考えられる。未熟練者に技術の指導をする際には，前述のように，まず技術を視覚的に提示して理解させ，力の入れ具合やタイミングをわかりやすく説明することが重要である。その後，指導と並行して反復練習をくり返すと技術の正確さが増してくる。巧

みな動作は，体験・学習・訓練などによって体得されるが，非熟練者に短期間で高度な技能・技術を習得させるには，熟練者と非熟練者の技術の差異や，非熟練者の技術が熟練者に近づく習熟過程を提示することが大きな役割を果たすものである。したがって，熟練者の匠の技を理解した上で，1対1の師弟関係づくりや，仕事をしながら師匠の技を盗ませる仕組みづくりを行い，技能伝承のサイクルを早く確実にまわすことである。(1)未熟練者と熟練者による技術を評価・対比し，(2)練習を繰り返し実施する。(3)練習効果を確かめるために未熟練者の技術を再評価し熟練者と対比する。このような(1)～(3)の手順を繰り返し実施することが匠の技の習熟支援に有効と考えられる。Polanyi（1966）が主張する暗黙知こそ，技能の核心である。職人の技能は，個別的，具体的，特殊的，属人的であり，一般化，体系化，客観化して，言葉で伝えることができない知識がほとんどであるから体験学習を通じて体得するものである。芳田（2007）は，わが国の技能伝承に関しては長年培ってきた経験や勘－暗黙知－に基づく親方の匠の技を見て盗む方法に強く依存していると指摘している。この熟練し高度化する段階をDreyfus, H. L. and Dreyfus, S. E（1986）は，5段階に分類し，技能獲得のステージをビギナー，中級者，上級者，プロ，エキスパートに分けている。Anderson（1980）は，技能獲得の3段階モデルを示している。(1)認知段階，(2)連合段階，(3)自動段階，であり，最後の自動段階で手続が自動化

写真 6-3

㈱岩鋳工房での南部鉄瓶制作

され，意識しなくてもできるようになり，この自動化の進展で技能は徐々に向上するものである。

伝統技術・技能を有する高度熟練技能者の匠の技の特徴について，芳田他（2008）は，(1)再現性が高い，(2)作業時には一定のリズムがある，(3)作業姿勢が良い，(4)よく見ている，(5)作業状況や自然環境の変化に適応している，などが高度熟練技能に共通する作業時の特徴であり，(6)匠の技を有する親方のほとんどは安定・積極型の性格を有していると指摘している。匠の技の伝承には，知識が暗黙知と形式知の社会的相互作用の4つの知識変換モードを通じて創造され拡大されると野中・竹内（1996）が主張している（図表6－1）。すなわち，(1)個人の暗黙知からグループの暗黙知を創造する共同化，(2)暗黙知から形式知を創造する表出化，(3)個別の形式知から体系的な形式知を創造する連結化，(4)形式知から暗黙知を創造する内面化である。前述の共同化とは経験を共有することによって，メンタル・モデルや技能などの暗黙知を創造するプロセスである，(2)表出化とは，暗黙知を明確なコンセプトに表わすプロセスである，(3)連結化とは，コンセプトを組み合わせて1つの知識体系を創り出すプロセスである，(4)内面化とは，形式知を暗黙知へ体化するプロセスである。

図表6－1　4つの知識変換モード

（出所）　野中郁次郎・竹内弘高『知識創造企業』東洋経済新報社, 1996年, pp.91～109。

南部鉄瓶は，保護されて維持されてきたのではなく，伝統的技法によって日常生活の需要を充たす高品質商品をつくり続けてきたのである。高度に発達した商品生産社会においても，伝統的技法によって作られた高品質商品が，価格競争においても機械制生産による商品と競争しながら存在し続けることは可能である。伝統的技法には高品質商品を生産し続ける力があるのである。

第3節　南部鉄瓶の革新

1　㈱岩鋳の概要

　岩鋳鋳造所は，明治35年6月に創業されている。昭和37年4月に株式会社に組織変更し，資本金300万円で株式会社岩鋳鋳造所が設立されている。現在は，資本金を9,320万円に増資され従業員90名の株式会社岩鋳を組織している。

　本社と岩鋳キャスティングワークス（岩鋳鉄器館）は盛岡市南仙北に設置し，工場は南飯岡に展開している。事業内容は，南部鐵器工芸品の製造販売である。

　㈱岩鋳は，それまで手作業が中心だった鉄器づくりから鉄瓶以外は徐々に機械化への移行を進めて展開している。

2　デザイン

　南部鉄器は厨房用品からインテリア，エクステリア用品まで多種多様なものが作られている。デザインによって，鉄器の良さを損うことなく，住環境の中で使い易くするものである。

　従来の南部鉄瓶の色は黒のみである。これは南部鉄瓶が鋳造後に漆を塗って着色するためである。しかしながら，海外のユーザーなどから明るい色の需要があることから，はじめは漆の色や材料の鉄の違いなどで色に変化をつけたり，色数はグレーや赤茶などごく少数に限られている。その後，約2年間かけて，着色技術を開発して，赤，若草色，黄色，ロイヤルブルーなどの着色が可能になっている。このようにしてニーズに応えるために作成した色は70色である。

第6章　南部鉄瓶の伝統と革新

大きく広がったカラーバリエーションにあわせて，従来製品にはなかった大胆なデザインを採り入れている。また，各国の食品衛生基準などの課題もクリアしている。

さらに，南部鉄瓶に関する新しい商品や街路灯，道路サインなどといった景観材料およびデザインの開発も進められている。

写真　6－4

南部鉄瓶のデザイン

3　品　　質

南部鉄瓶は古くから，金気が少ないうえ，鉄成分の中に空洞がないため，お湯が沸くと，チーンときれいな音を出すことから優秀といわれてきている。これは，南部鉄瓶に含まれるチタニウムが白熱されると鉄鉱内の酸素と空気を奪うため，その合金でつくられた鉄瓶は金気が少なく酸化しにくいためである。また鉄が硬化するのでお湯がたぎるとチーン，チーンと微妙な音を出すものである[6]。

南部鉄瓶づくりの釜焼きという工程は南部鉄器に独特とされ，鉄瓶を炭火のなかに入れて真っ赤になるまで数十分ほど空焼きする。この工程によって比較的厚い，その表面に青紫色を帯びた熱酸化被膜が形成され，高い防錆効果が得られるので，金気止めになるものである[7]。

さらに，健康志向の高まりの中で，貧血ネズミの実験結果では，赤血球が最

も増加したのは，南部鉄瓶で沸かしたお湯の鉄分を4週間とったネズミであることが紹介され，そのネズミの赤血球は，4週間後には健康なネズミにほぼ並ぶ量に増えている。南部鉄瓶で沸かしたお湯からとる鉄分は，貧血の回復に効果があることが分かっている。併せて，別の実験の味噌汁やビーフシチュー，お茶を南部鉄瓶でつくった場合，料理に含まれる鉄分は鉄鍋を使わない場合に比べて，1.5倍プラスされている。しかも，その鉄分は吸収されやすく，生のほうれん草に換算して178ｇ分であり，鉄鍋の鉄の吸収率が抜群に良いという実験結果が示されている[8]。

4　ブランド

㈱岩鋳は，『IWACHU』ブランドを展開している。高級品，高付加価値品にシフトすることで，設備へ過大な投資をせずに，市場拡大できると考えている。模倣できない価値を創造し，高級品を持続するために，簡単に模倣不可能な可視性の低さによる持続的競争優位性の構築や顧客に生まれる感性創造が求められる。高級品を実現するための仕組み，つまり高級品には理由があり，それを説明する能力も求められる，それを恒常的にマネジメントすることが必要である。

㈱岩鋳の所在地盛岡市では，2006年度から盛岡ブランド推進計画を実施している。その一環として特産品ブランド認証プロジェクトを集めている。確かな品質・確かな技術を伝える盛岡生まれの地場産品を認定することで，消費者の信頼を高め，地場産業の活性化につなげていくことが目的である。山本（2006）は水沢鋳物産地を例に，地域内に存在している伝統工芸のブランドが観光業はもとより伝統技術を継承・保存する役割を果たし，重要な地域資源となっていることを指摘している。

第4節　国際化戦略

　㈱岩鋳では伝統的な南部鉄瓶を守りながらも，時代に合わせた商品開発を怠ることなく，新規市場を開拓している。盛岡という地方都市にありながらも，その視線は常に世界へと向けられてきている。

　海外市場を欧州，北米，アジアの3ブロックに分け，急須・鉄瓶，鍋類，鍋敷き，風鈴などを輸出している。その販売体制は1カ国1代理店という戦略を堅持し，現地パートナーとの信頼関係を大切にしている。海外パートナーとの信頼関係が深まることで，海外販路拡大に必要な情報やアドバイスを提供してもらっている。

　海外輸出用に開発されたカラフルなティーポットがフランスやベルギーのカフェやパティスリーで実際に使われている。例えば，パリの高級紅茶店にも南部鉄器の注文が入っている。創業は1854年であり，フランスでもっとも古い紅茶店である。32カ国の茶園から茶葉を集めてブレンドし，450種類もの紅茶を揃えている。そのこだわりはカップやポットなどの茶器にも及びフランス流の洗練されたティータイムを提唱している。独特の美意識に貫かれた格調高い紅茶店で，岩手の南部鉄器が人気を集めている。南部鉄器のもつ鉄の肌あいとそこに加味された日本独自の造形美は，多くの外国人に称賛されてきている。同時に南部鉄瓶で沸かしたお湯の味もまろやかな口当たりと高く評価されている。

　南部鉄器は，デザインの観点からだけでなく，高耐久性といった製品の安心・安全性，健康志向のニーズにも応える製品づくりから，made in Japanの南部鉄器がもてはやされているのである。

第5節　観光化戦略

1　岩鋳キャスティングワークス（岩鋳鉄器館）

　岩鋳キャスティングワークスの外壁はダークグレーを基調に，ポイントカラーの赤をあしらっている。鉄を表わすダークグレーと，火を表わす赤によって南部鉄器のギャラリー空間を表現している。岩鋳のショールームであるとともに，見る，買うを充たす観光施設でもある。

　2000年に岩鋳キャスティングワークスに岩鋳アートギャラリーを新設している。ギャラリーの広さは約150㎡である。既存のショールームは主に国内・海外企業向けの商談スペースとして活用されている。

　売店スペースには，有名な作家が作った茶の湯釜や鉄瓶美彩厨房シリーズや海外向けのカラフルなティーポットなどを展示している。そして，和を中心とした生活雑貨も一緒に取り揃えて，鉄器と他の生活雑貨を組み合わせて生活空間を演出するような商品陳列を行なっている。

　加えて，岩鋳キャスティングワークス内には，南部鉄瓶の製作工程を見学できるコースも設けている。この工場では，南部鉄瓶の製作工程を理解していた

写真　6-5

岩鋳キャスティングワークス

だくために，(1)鋳型と紋様捺し，(2)原料鉄の溶解と鋳込み，(3)釜焼き，(4)研磨と着色の4つの製造工程に分け，実際の生産現場を見学することができるものである。

2　盛岡手づくり村

　盛岡市には，国の伝統的工芸品指定第1号となった南部鉄器，秀衡塗，浄法寺塗，岩谷堂箪笥のほか，紫根染や南部古代型染，南部桐下駄などの小規模な産地で製造される工芸品等が数多く伝わっている。また，盛岡三大麺（盛岡冷麺，わんこそば，じゃじゃ麺）を始めとする食品，酒類などの製造も古くから盛んである。盛岡市商工観光部商工課ではこうした地場産業支援の一環として，2007年に造成した企業団地盛岡テクノパークなどの生産基盤整備等に取り組んできている。これに加えて，1986年に設立された盛岡手づくり村の運営にも参画している。施設内には，南部鉄器，岩谷堂箪笥のほか，南部煎餅，盛岡駄菓子，盛岡冷麺などの工房があり，生産現場を実際に見学できるもので盛岡市のものづくりの特色である，伝統的な手仕事をこの施設に厚め，それらを観光とからめて広くPRしている。方宏・野嶋（2006）によれば，産業風景づくりや製造現場での見学・体験を促進するなどのまちの魅力を高めて来訪者の増加を目指し，また伝統工芸を活用した教育やコミュニティづくりを行なうなど地域住民のくらしづくりを行い，地域としての総合力を高めていこうとしている産地も見られると指摘している。さらに，このような取り組みにおいて芸術家は，技術を伝承し伝えるなど多様で重要な役割を果たしている。またこのような産地の魅力や人材の底上げを行なうことは芸術家の増加にもつながっており，(1)芸術家による多様な地域振興の取組，(2)産地の総合力を高める人材の底上げをする，(3)芸術家の増加，の3つが互いに共振するまちづくりを行なっていくことが重要である主張している。

第6節　南部産地ブランドの確立

　南部鉄器の産地で競争優位を形成してきた産地ブランドは製品の品質の優位性によって形成されてきたものである。したがって，南部鉄瓶の匠の技の技能伝承による品質優位性を生み出す産地内の構造は特に重要である。

　現代の南部鉄器の工房では，伝承された技術にデザインという息吹を吹き込み，さまざまな鋳鉄製品を展開して新しい市場を国内外に開拓している。鉄の強さだけでなく，素材のもつ風合いや肌触り，デザインや使い心地にいたるまで，作者みずからが手探りで，使い勝手の理想を追求している。

　産地全体の戦略では，高付加価値の産物を生み出す大きな要素の一つに産地のブランド化がある。産地のブランド化を図るには，まず個性的な産地として消費者から認められる必要がある。その点で産地の情報発信基地としてのテーマパーク的な官民連携による支援施設は，産地のブランド化にも有効に機能するものである。また，観光資源と施設を持った産地では，観光業などとの連携が重要である。例えば，観光スポットを結ぶシャトルバスの運行や観光企業と地場産業による共同イベントの開催，あるいは物産センターの設置などを通して総合的な産地のブランド化を図る必要もある。

謝　　辞

　本研究に当たり，2016年1月30日，午前9時から11時までの2時間，株式会社岩鋳観光部販売課主任小川泰輔氏に会話を通じたインタビューのご協力をいただきました。記して深く感謝申し上げます。

〔注〕
1)　株式会社岩鋳における南部鉄瓶の技能伝承には，経営戦略に基づいた効果的な技能伝承法が取り入れられている。

2) ただし，南部鉄瓶の伝統工芸士からのヒヤリングによれば，詳細な製造工程は倍近くの工程であり，優に100工程を超えている。
3) 南部鉄瓶の製作は，南部鉄器協同組合『南部鉄器その美と技』岩手県南部鉄器協同組合連合会，1990年，pp.156～167参照。
4) 南部鉄瓶の文様には，花（桜，牡丹，菊，梅），木（松，竹，柏），果実（ざくろ，ぶどう），動物（馬，鶴，亀，龍，蛙，唐獅子）をデザインしたものが多くを占めている。形で多いのは，南部形，丸形，雲龍形であり，文様は霰が最も多く，次いで桜，菊，馬などとなっている。
5) 南部鉄瓶にも裏表がある。客人の前で，右手で南部鉄瓶の鉉を握ってお湯を注ぐ場合，客人から観賞される面が表である。そのため，南部鉄瓶は口を右にして陳列されている。
6) 1935年の分析結果によれば，気仙沼から釜石にいたる鉄鉱脈と久慈産の砂鉄に3～20％の豊富なチタニウムが含まれている。
7) この工程によって比較的厚い熱酸化被膜が形成され，高い防錆効果が得られる。炭火の温度は1,000℃にも及び単純に空気中で加熱すると酸化被膜はもろいスケール状態となり，やがて剥離する。炭火のなかは酸素分圧が非常に低いため低級な酸化物内層が生成しやすく，緻密で密着性の高い被膜が得られる。
8) 南部鉄瓶は保温性，耐久性に優れている。200V電磁調理器が使用できる南部鉄瓶も開発されている。

【参考文献】
(1) アートプランニングレイ『メイド・イン・ジャパン南部鉄器－伝統から現代まで，400年の歴史－』印象社，2013年。
(2) 石倉三雄『地場産業と地域経済』ミネルヴァ書房，1989年。
(3) 岩鋳鋳造所『岩鋳100周年記念誌』岩鋳鋳造所，2003年。
(4) 株式会社岩鋳「南部鉄瓶　釜師　水澤繁樹（清末）」『月刊「茶」』11月号，2008年，p.1。
(5) 後藤安彦「南部鉄瓶」『RYOKUCHA』Vol.27，2010年，pp.15～20。
(6) 河村泉『経営戦略に基づいた効果的な技能伝承法』『Plant Engineer』通巻494号，2010年，pp.2～7。
(7) 方宏康・野嶋慎二「伝統工芸産地における地域振興の取組実態と芸術家の役割に関する研究」『日本都市計画学会　都市計画論文集』No.41－3，2006年，pp.815～820。
(8) 清水宣行「機械金属産業の生産職場における技能伝承」『労働調査』，2004年，pp.63～68。
(9) 中野俊雄「茶の湯釜と鉄瓶の歴史と替底方法」『鋳造工学』第77巻第2号，2005年，pp.114～121。
(10) 南部鉄器協同組合『南部鉄器その美と技』岩手県南部鉄器協同組合連合会，1990年。
(11) 野中郁次郎・竹内弘高『知識創造企業』東洋経済新報社，1996年。
(12) 林部敬吉・雨宮正彦『伝統工芸の『わざ』の伝承－師弟相伝の新たな可能性－』酒

井書店,2007年。
(13) 平塚広・竹野健次・佐々木健「南部鉄瓶および外国製鉄瓶による水道水の加熱と水質変化」『日本食品工学会誌』Vol.5, No.2, 2004年, pp.105～111。
(14) 堀江皓「南部鉄瓶」『日本機械学会誌』第88巻第800号, 1985年, pp.760～763。
(15) 松下武二「伝統型地場産業の現代的意義」『福岡大学商学論叢』第22巻第2号, 1977年, pp.171～192。
(16) 森和夫「企業競争力を高める技能者育成と技能伝承」『人材教育』第16巻第9号, 2004年, pp.12～16頁。
(17) 八代仁・及川秀春「南部鉄器の表面化学 伝統工芸品に脈々と息づく表面技術」『化学と工業』Vol.67-12, 2014年, pp.1042～1044。
(18) 山本俊一郎「水沢鋳物産地における製品転換と企業の存立形態」『季刊地理学』58-1, 2006年, pp.1～18。
(19) 芳田哲也「日本の伝統技能を保存・継承するための「匠の技」の解析」『繊維機械学会誌』第60巻第6号, 2007年, pp.29～34。
(20) Anderson, J. R.., *Cognitive Psychology and its Implication*, 1980, W. H. Freeman and Company.(富田達彦・増井透・川崎恵里子・岸学訳『認知心理学概論』誠信書房, 1982年).
(21) Dreyfus, H. L., and Dreyfus, S. E., Mind over Machine: *The power of human intuition and expertise in the era of the computer*, 1986, Free Press.(椋田直子訳『純粋人工知能批判：コンピュータは思考を獲得できるか』アスキー出版局, 1987年).
(22) Polanyi, M.., *The Tacit Dimension*, 1966, Routledge & Keagan Paul Ltd, London.(佐藤敬三訳『暗黙知の次元』紀伊国屋書店, 1980年).

第7章　大和野菜を用いた地域貢献事業

第1節　大和野菜による地域振興と課題

1　ブランドとしての大和野菜

　全国各地には伝統野菜が存在する。伝統野菜には元祖ともいえる京野菜をはじめ，加賀野菜や大和野菜などがある（図表7－1）。近年，こうした伝統野菜を復活させようという動きが全国各地でみられる[1]。農林水産省によれば，伝統野菜とは「その土地で古くから作られてきたもので，採種を繰り返していく中で，その土地の気候風土にあった野菜として確立されてきたもの」[2]としている。伝統野菜の多くはわずかな生産者によって細々と作られている。生産者にとっては，旬の一時期しか収穫できない，野菜の揃いが悪い，手間がかかる，などといった理由から大量生産に不向きで利益野菜ではないと判断されてきた。しかし，次第に遺伝資源としての在来品種の重要性が認められるようになった。こうした中，付加価値の高いブランド産品に育て，地産地消することにより地域振興につなげる動きが始まっている。

　奈良県は2005年10月5日，2010年の平城遷都1300年事業に向けて新しい奈良ブランドとして大和野菜を認定した。その目的は観光客や県民に奈良らしさをアピールし，大和野菜を特産品とすることであった。大和野菜は現在，主として奈良市で生産されている。認定条件は，「戦前から奈良県で生産が確認されている品目で，独特の栽培方法などで品，香り，形態，来歴に特徴ある"伝統野菜"，栽培や収穫出荷に手間をかけて栄養やおいしさを増した"こだわり野

菜"」として14品目が認定された。その際，当時の県知事の柿本善也氏が「大和野菜は古い歴史があり，その点で京野菜と匹敵すると考えている」[3]と述べたように，農業振興としての期待が持たれていた。その後，追加認定されて2016年1月時点では25品目（伝統野菜20品目，こだわり野菜5品目）となった。現在認定されている大和野菜を図表7－2，図表7－3に示す。

図表7－1　全国各地の主な伝統野菜

地域	名称	地域	名称
宮城	仙台伝統野菜	岐阜	飛騨・美濃伝統野菜
秋田	秋田県伝統野菜	愛知	あいち伝統野菜
	あきた郷土作物	滋賀	近江伝統野菜
山形	村山／最上／置賜／庄内伝統野菜	奈良	大和伝統野菜
福島	会津伝統野菜	京都	京伝統野菜
群馬	ぐんま伝承作物	大阪	なにわ伝統野菜
東京	江戸東京野菜	広島	広島伝統野菜
新潟	長岡野菜	長崎	ながさき伝統野菜
石川	加賀野菜	熊本	ひご野菜
	能登伝統野菜	宮崎	宮崎伝統野菜
福井	伝統福井野菜	鹿児島	かごしま伝統野菜
長野	信州伝統野菜	沖縄	沖縄伝統農産物

（出所）一般財団法人地図情報センター編『地図情報 Vol. 34 No. 1 通巻129号』一般財団法人地図情報センター，2014年，p. 9から抜粋[4]

図表7－2　大和野菜の種類①（伝統野菜）

名称	由来
大和まな	かつては，油とり用に栽培されていたが，漬け菜として利用されるようになった。
千筋みずな	古くから水田の裏作として栽培されてきた。
宇陀金ごぼう	明治初期から「大和」または「宇陀」の名で京阪神市場にその名が知られていた。
ひもとうがらし	伏見群に属する辛トウガラシとシシトウとの雑種から選抜されたと推察されている。古くから自家消費用として作られてきた。

第7章　大和野菜を用いた地域貢献事業

軟白ずいき（なんぱく）	主に奈良市狭川地区で栽培される。柔らかくアクの少ない茎にするため光を遮ることで軟化させる。
大和いも	奈良県内では葛城山麓地域が産地の中心で，この地域に位置する御所市では江戸時代から栽培が行われてきた。
祝だいこん（いわい）	四十日群という品種群から系統選抜された直径3cmぐらいの細い大根。
結崎ネブカ（ゆうざき）	かつては大和平野で広く栽培された歴史がある。特に結崎村（現川西町）で多く栽培されていた。
小しょうが	奈良市，平群町，高市郡などの砂質土壌の地域には昭和初期まで大産地があった。
花みょうが	和国町村史集に「明治六年，五條市大深のみょうが八十貫，明治15（1882）年，同市樫辻では六十貫」と記録がある。名称の由来は内部に開花前の花穂を持っているため。
大和きくな	葉が大きくて切れ込みが深く茎が柔らかい中大葉系の品種が奈良県で選別され，全国に広まる原形となった。
紫とうがらし	奈良市米谷町では100年以上も前から自家菜園野菜として栽培されてきた。
黄金まくわ	奈良県農事試験場（現在の農業研究センター）において，昭和初期から品種育成に着手し，昭和11（1936）年に育成された「黄1号」はマクワの基準品種である。
片平あかね（かたひら）	山辺郡山添村片平地区では，戦前から片平の農家が家族や近隣で食し，親戚や知人に贈る自給野菜としても栽培されてきた。
大和三尺きゅうり（さんじゃく）	明治23（1890）年，京都府相楽地方から添上郡狭川村に導入された「台湾毛馬」と「白皮三尺」という品種が同郡大柳生村で「北京」という品種を交雑して生まれたといわれる。
大和丸なす	大和郡山市，奈良市で古くから栽培されてきた。
下北春まな（しもきたはるな）	産地は奈良県南部に位置する下北山村。明治時代より，塩漬けした下北春まなでご飯を包み込んだめはり寿司に使われる。
筒井れんこん	大和郡山市にあった筒井城の城跡やその周辺で古くから栽培されてきた。
味間いも（あじま）	昭和初期に田原本町味間の生産者が奈良県農事試験場（現在の農業研究開発センター）から最も有望な系統を譲り受け，現在まで生産されている。
黒滝白きゅうり（くろたきしろ）	黒滝村では江戸時代から栽培されてきたと伝えられ，現在まで種子を受け継ぎ生産されている。

（出所）　筆者作成5)

figure 図表7-3 大和野菜の種類②（こだわり野菜）

名　称	特　徴
大和ふとねぎ	非分けつ性の一本ネギで，白根部分が長ネギに比べ短いが太い。
香りごぼう	金剛・葛城山麓の扇状地では，砂質で排水のよい特徴を活かした春ごぼうが盛んに栽培されていた。
半白きゅうり	江戸時代に渡来した華南系のきゅうりが元とされる品種で，その後，一部の産地では品種改良された生食にも適する半白きゅうりが生産されている。
大和寒熟ほうれん草	品種，栽培方法，栽培地域，糖度の測定等について規定した栽培マニュアルにもとづいて生産出荷される。
朝採り野菜（レタス，ナス，キュウリ，スイートコーン）	品温が下がっている朝に収穫することで，収穫後の呼吸による糖分等の消耗が少なくみずみずしさが保持される。都市近郊の立地条件を活かし，朝早くから収穫した野菜をその日のうちに小売店に販売する取り組みを行っている。

（出所）　筆者作成6)

2　地域振興に向けた取り組みと課題

　奈良県は大和野菜を県内産野菜としてブランド化することを目標としている。現在認定されている25品目の他に，まだ認定は受けていないが農家の自家菜園の中に眠っているものも存在する。これらの野菜を含め，地域振興に繋げるには様々な問題がある。それは，なじみがない，どうやって食べるのか，どこで誰が作っているのか，作り手はいるのか。さらには，種はあるのか，栽培方法，害虫対策，市場での売れ行き，利益野菜かどうか，などである。
　こうした問題の解消と大和野菜のブランド化に向けて，奈良県は2005年以降，大和野菜のリーフレットやレシピカード，特産品の買える店のリストなどの資料を作製，配布するほか，インターネットのホームページ設置，テレビ，雑誌での広報なども実施した。また，食と農のフェスティバルや県民ホールでのパネル展も行うことにした。しかし，それでもまた別の課題が残された。その1つが入手場所である。広く流通するその他の野菜と違い，知名度が低い，作付効率が悪い，不揃い，などの理由で利益野菜でないため入手できるのは各地の

直売所や「JAならアンテナショップ」などに限られる。PRや観光業との連携や産地育成、流通力強化など、息長くブランドを育てていく取り組みが強く求められている。さらには、ブランド化といってもブランド名を野菜に添付したり生産者の名前を明らかにしたりしないため、通常では、消費者は分かりにくく、ブランドPRの方法に創意工夫が不可欠となる。

第2節　6次産業化の期待と社会的企業の成長

1　6次産業化の期待と基本課題

　近年、6次産業という用語が使われるようになった。6次産業とは今村奈良臣東京大学名誉教授が提唱した用語とされる。今村（1997）は、農村、とりわけ中山間地域の活性化には、農業の「6次産業化」への取り組みが必要であると提唱した。1997年3月に財団法人21世紀村づくり塾から刊行された「地域に活力を生む農業の6次産業化」（地域リーダー研修テキストシリーズNo.5）では、6次産業化を「農業が1次産業のみに留まるのではなく、2次産業や3次産業にまで踏み込むことで農業に新たな価値を呼び込み、お年寄りや女性にも新たな就業機会を自ら創りだす事業と活動」と定義する。生産者が農業生産だけでなく加工・販売等を通じ黒字化を図る取り組みはそれ以前から行われていた。その経緯について、室屋有宏（2014）は次のようにまとめている[7]。

　農協は戦前から農村工業という形で様々な農産物加工を行っていた。戦後においても、1960年代の大分大山町農協の取り組み、これを受け継いだ大分県の「一村一品運動」[8]も6次産業化の先駆的な活動といえる。1987年から始まった四全総（第4次全国総合開発計画）では農産物を加工して付加価値をつける「1.5次産業の積極的育成」が提起されている。また、1990年の国土審議会山村振興対策特別委員会[9]では「1次、2次、3次を総合したいわば6次産業」という表現が使用されている。しかし、こうした取り組みは、点としての有効性はあったかもしれないが、農村経営を質的に変えるほどの広がりはなかった

のも事実であった。1980年代に入っても，農村経営は企業誘致やリゾート開発といった外来型開発や政府による財政支出に依存する構造にあり，農村自体が自律性を高めるという動きは微弱だった。一方で，1990年代までの取り組みは，農村全体の振興を目指したものであり，農協等を中心とする地域的な対応が中心だった。これに対して2000年代以降は農政転換等を受け，個別経営の発展を重視する政策志向が明確になっていった。食料産業クラスター事業や農商工連携では中小企業と農業者の連携が打ち出され，産業政策が前に出る一方で，農村全体としての視点は後退していった。そして，2009年8月の参議院選挙における民主党マニフェストで「農山漁村を6次産業化し，活性化する」という形で初めて国の政策として打ち出されることとなった。その後，2010年12月には「6次産業化法」[10]が制定された。

　6次産業は農業や水産業などの1次産業が食品加工や流通販売にも展開しているという意味では経営の多角化ともいえる。

　ここで，6次産業化のメリットとデメリットをまとめると次のとおりである。

【メリット】

　① 収入の安定

　通常，1次産業の収入は作物・収穫物を市場に卸すことで得る。この場合，天候による不作や豊作による生産調整などで収入が変動することが考えられる。しかし，6次産業になると加工して販売するため価格が安定する。

　② ブランド化

　近代的な生産方法により生育することで一次産品の品質を画一化する。それを6次産業化することは安定供給を実現する。そうすることで他の産地のものと差別化することができる。

　③ 中間コストの削減

　流通経路の短縮によるコスト削減が実現できる。また，加工・販売などによる新たな分野への進出で新市場の開拓をする。

　④ 雇用の拡大

　6次産業に伴う株式会社化は，新たな雇用の創出を生み出す。また，その結

果として農作物の付加価値の向上をもたらすことも期待できる。

【デメリット】

① 責任範囲の拡大

株式会社化することを余儀なくされることが多い。それは雇用の拡大である半面，雇用の確保・継続的雇用などといった責任範囲の拡大でもある。

② 多額の資金

生産・加工・販売のすべてをまかなうということは，設備投資，宣伝広告費などあらゆる面で投資が拡大する。

③ 幅広い知識と技術

生産方法だけに留まらず，加工技術，商品管理，流通などといった幅広い分野における知識と技術が必要となる。

このように，6次産業化には新たな価値の創造や雇用の増大，さらには地域振興にもつながるといった魅力があるが，その反面で課題もある。後久博（2011）は6次産業化と基本課題について，図表7－4のように示している。

図表7－4　6次産業化の5つの基本課題

第1の課題	第2の課題	第3の課題	第4の課題	第5の課題
所得と雇用の場を呼び込み，農村地域の活力を取り戻す。	安全，安心，健康，新鮮，個性などをキーワードに，消費者に信頼される食品を提供する。	企業性を追求し，生産性を高め，コストの低減を図りつつ，収益の確保を図る。	農村地域環境の維持保全，特に緑資源，水資源へ配慮し，都市住民を呼び込む新しい道を切り拓く。	農業や農村の教育力に着目，村の命を都市に吹き込む，都市農村交流の新しい姿を創りあげる。

（出所）　後久博『売れる商品はこうして創る－6次産業化，農商工等連携というビジネスモデル－』ぎょうせい，2011年，p. 7。

なお，6次産業化の経営管理上の重点内容については，農林水産省が調査報告書に記載した次の3点が参考になる[11]。1つ目は，自社の事業ビジョンと事業の目標を具体的に設定し，6次産業化の展開の方向性等を明確に伝える仕組みを構築する"ビジョンの明確化・共有化"である。2つ目は，ターゲットとなる顧客の設定とそのニーズの把握，さらには「その先のニーズ」を満たす

商品の提案などの"マーケットイン(消費者視線)の実践"である。3つ目は,組織目標の達成度を常に管理し「自社でどこまでやるべきか」を明確にするなどの"組織管理の実行"である。

ここで,6次産業化と農商工連携を区別するため,その共通点と相違点を図表7-5に示しておく。

図表7-5　6次産業化と農商工連携の共通点と相違点

	6次産業化	農商工連携
共通点	① 1次産業,2次産業,3次産業の枠組みの共通性。 ② 環境にやさしい地域資源を有効活用するという共通性。 ③ 「地域を活性化する」というめざす目標の共通性	
相違点	① 農林漁業が2次産業,3次産業に踏み込む。	① 農商工等がそれぞれの強みを出し合う。
	② 農林漁業が主導(伝統的加工品が中心)。	② 商工の主導が多い,畜産は畜産業主導・農業者の主導が期待される。
	③ 事業規模は千差万別だが1億円未満。	③ 小規模〜大規模まで幅広い。

(出所)　後久博『売れる商品はこうして創る-6次産業化,農商工等連携というビジネスモデル-』ぎょうせい,2011年,p.9。

2　社会的企業の成長

これまで述べてきたように6次産業化には様々な課題があるものの,収入安定や雇用拡大など社会的な貢献をしている。今日,こうした企業は社会的企業(social enterprise)として認識され,注目を集めている。

社会的企業は,2006年にムハマド・ユヌスがノーベル平和賞を受賞したことで広く知られるようになった。ユヌスは,利益の最大化を目指すビジネス(PMB)[12]とは異なるビジネスモデルとして社会的企業を提唱した。社会的企業は,特定の社会的目標を追求するために行なわれ,その目標を達成する間に総費用の回収を目指す。ユヌスは社会的企業の可能性として2種類をあげている。1つは社会的利益を追求する企業であり,もう1つは貧しい人々により所有され,最大限の利益を追求して彼らの貧困を軽減するビジネスである。

また，社会的企業の目的は社会貢献であり，補助金や寄付だけに頼らず，民間企業の経営手法をとり入れながら事業収入を増やし，財政的に自立しようとすることが特徴である。活動分野は社会的課題に関わる領域である。社会的課題は，環境（自然環境・ゴミ問題等），教育（待機児童・ニート等），文化（伝統工芸・地域文化等），経済（所得格差・失業等），倫理（企業倫理・公正取引等），人権（ハラスメント・虐待等），人口（少子高齢化・未婚化等），医療（介護問題・医療施設等），市民（被災地支援・NPO支援等），資源（エコ・原子力等），安全（災害・情報管理等），食料（食の安全・飢餓等）など広範な分野に及んでいる。

社会的企業の形態について谷本寛治（2006）は，図7－6のように分類するとともに，それらを縦軸に市場性，横軸に社会的課題との関係性とする2次元で位置づけを示した（図7－7）。

図表7－6　社会的企業の形態

非営利組織形態	NPO法人，社会福祉法人など	
営利組織形態	中間法人，協同組合（ヨーロッパでは多様な形態）	
	株式会社／有限会社	社会志向型企業
		企業の社会的事業（CSR）

（出所）　谷本寛治編著『ソーシャル・エンタープライズ－社会的企業の台頭－』中央経済社，2006年，p. 7。

さらに彼は図表7－6に示した形態について次のように説明している[13]。

■NPO法人

様々なアプローチと方法をもって社会的な課題に関わっており，その活動の機能から次の3つのパターンに分けることができる。

① 慈善型NPO

寄付やボランティアをベースにローカル／グローバル・コミュニティにおいてチャリティとして社会的な課題に取り組む形態のもの。

② 監視・批判型（アドボカシー型）NPO

企業や政府・国際機関などの活動を監視・批判したり，アドボカシー活動を

行うというスタイルで社会的課題に関わるもの。
　③　事業型NPO
　有料・有償による社会的サービスの提供，情報の分析・提供，コンサルティングといった活動を事業として行うもの。
■社会福祉法人
　社会福祉法の定めるところにより，社会福祉事業を行うことを目的として設立された特別法人。
■中間法人
　①　コミュニティ・ビジネス
　地域の人々により所有・管理され，利益は地域に還元される事業体。
　②　ソーシャル・ファーム
　障害者に雇用機会を与えることを目的とする事業体。
　③　従業員雇用会社
　従業員によって所有・管理される事業体。
　④　媒介的労働市場会社
　労働市場で不利な立場に置かれ排除されている人々に職業訓練となる雇用の場を提供し，一般の労働市場に戻れるよう支援する媒介的な役割を持つ。
■社会志向型企業
　社会的課題の解決をミッションとして持って設立された会社。
■企業の社会的事業
　既存の一般企業が新しい事業体を立ち上げるベンチャー・ビジネスのみならず，既存の一般企業が新しい社会的事業に取り組んでいくこと。

第7章 大和野菜を用いた地域貢献事業

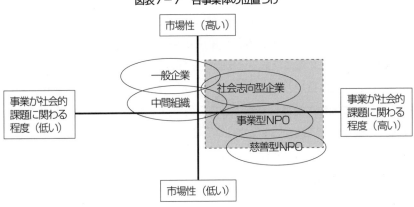

図表7-7 各事業体の位置づけ

注:網かけ部分が社会的企業を指す。
(出所) 谷本寛治編著『ソーシャル・エンタープライズ－社会的企業の台頭－』中央経済社,2006年,p.15

第3節　株式会社粟の事例

1　社会的企業としての株式会社粟

　ここでは株式会社粟(あわ)(以下,粟)の取り組みについて紹介する。

　株式会社粟の設立の経緯を遡ってみると,そこにはNPO法人清澄の村(以下,清澄の村)に辿り着く。清澄の村は奈良市高樋町(たかひちょう)に拠点をおき,1998年11月に三浦雅之氏によって設立された。清澄の村は精華地区をフィールドに,まちづくりに関心を持つ地元の市民,農家,事業経営者,料理人,さらには芸術家,研究者や学生といった多種多様な能力を持つ有志によって構成され,地域文化遺産である伝統野菜の調査・研究,ホームページによる情報発信,芸術活動,コミュニティの持つ文化継承といった集落機能の再構築と地域の発展に貢献することを目的とした公益活動を行っている[14]。その事業内容は奈良県の伝統野菜である大和野菜の調査研究に始まり,現在では大和野菜を中心にエアルーム(heir loom)と呼ばれる海外の伝統野菜を加えた国内外の在来種を年間約

100種類以上，栽培・保存している15)。その後，2008年に設立したのが粟16)である。粟は，奈良市の中山間地域である精華地区を舞台に，清澄の村，地元の集落営農組織である「五ヶ谷営農協議会」17) との協働を通して，奈良県のかけがえのない文化遺産である大和野菜を中心とした6次産業の事業展開を行うことにより集落機能の再構築とソーシャル・キャピタル（social capital)18)の向上，そして地域の発展に貢献する社会的企業である19)。事業部は農作物生産部，地域振興部，飲食店事業部，コンサルティングの4つがある。それぞれの主な事業内容は下記のとおりである。

- 農作物生産部…大和野菜を中心とした農作物の生産
- 地域振興部…食材の加工
- 飲食店事業部…農家レストラン「清澄の里　粟」
  市街地レストラン「粟　ならまち店」の運営
- コンサルティング…奈良県から委託された大和野菜に関する調査報告書の作成，地域創生に関わるサポートなど

こうした事業内容から，清澄の村は，前節の図表7－6の補足説明の■NPO法人の①，粟は，■社会志向型企業に位置づけできる。

写真：農家レストラン「清澄の里　粟」での調理風景

農家レストラン「清澄の里　粟」はランチタイムのみの営業で1日約20席限定。
　大和野菜を中心としたコース料理を提供する。大和野菜は三浦夫婦や地元農家の畑で収穫されたものを使う。
　料理提供の際は，加工前の食材を手にして料理を説明してくれる。

写真提供：清澄の里　粟

2　株式会社粟にみる地域貢献

ここで粟の事業活動の特徴を整理してみる。
- 6次産業化している。
- 地域の宝である伝統野菜をはじめとする地域資源，農村文化を調査・保存し，地域づくりに役立てていくという「伝統野菜の復興」を目標とし，「伝統野菜の復興で地域づくり」プロジェクトに取り組む[20]。
- 奈良市街地近郊の中山間地域という特性を生かした営農活動を行う五ヶ谷営農協議会とNPO法人清澄の村とで農商工連携をしている。

　粟の事業目的と活動内容をもとに，粟のビジネスモデルを図示したものが図表7－8である。

図表7－8　株式会社粟のビジネスモデル

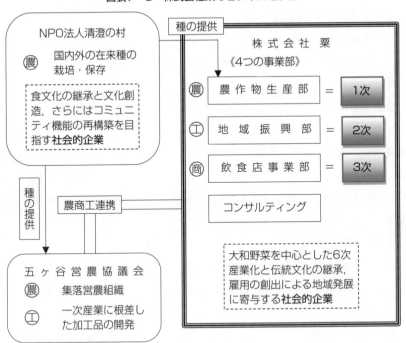

（出所）　筆者作成。

次に，社会的企業の在り方を整理する。社会的企業は社会的課題に取り組むことでいかなる貢献をなしうるかということが重要になる。つまり，他のタイプの民間組織や公的組織と比較して，特別の長所があるかどうかが問題となる。粟の事業活動を取り上げてきたが，それらは経済的・企業家的に見ても社会的企業としてふさわしい内容である。

それを論証づけるため，C.ボルサガとJ.ドルフルニ（2001）がいう社会的企業としての経済的側面の基準（以下の①～④）と，社会的側面の基準（以下の⑤～⑨)[21]に粟の事業例や関連内容を照らし合わせてみる。

【経済的側面の基準】

① 財・サービスの生産・供給の継続的活動

社会的企業は継続的に財の生産やサービスの供給に直接関与する。それゆえ，こうした財やサービスの供給こそ社会的企業の主要な存在理由の１つである。

《粟の事業例や関連内容》
- 大和野菜の生産
- レストラン事業での料理やサービスの提供　など

② 高度の自律性

社会的企業は一定の人々の集団が自発的に創設するものであり，自律的プロジェクトという枠組みで彼ら自身が統制する。状況次第では，社会的企業は公的補助金に依存することもある。しかし，直接的にも間接的にも行政や他の組織（業界団体や民間企業等）に社会的企業が管理されることはない。社会的企業は，「発言と退出」の権利（自らの活動を始める権利と止める権利）の両方を保有する。

《粟の事業例や関連内容》
- 農産物の生産，レストラン運営，加工品開発，芸術活動などを通じて，コミュニティ機能の再構築と地域創造を目指す。(「プロジェクト粟」)

③ 経済的リスクの高さ

社会的企業を創設する人々は，全面的か部分的かによらず組織が経済的リスクを負っていると想定する。ほとんどの公共機関と違って，財政的な存立可能

性は十分な資源を確保しようとするメンバーや労働力の努力次第である。
《粟の事業例や関連内容》
- 「伝統野菜で地域づくり」の取り組みとして産業創出の部分を粟が，公益活動を清澄の村が受け持つ[22]。(粟が利益，つまり"経済的側面"で，清澄の村が公益)。

④ 最少量の有償労働

伝統的な非営利企業のほとんどの場合と同様に，社会的企業も有償労働者とボランティアとを結合しようとする。しかしながら，社会的企業が実践する活動には最少量の有償労働者が必要である。
《粟の事業例や関連内容》
- 継続企業としての利益は追求する。利潤最大化ではなく必要最低利潤，もしくは適正利潤。そのための最少量の有償労働者を雇用する。

【社会的側面の基準】

⑤ コミュニティへの貢献という明確な目的

社会的企業の主要な目的の1つは，コミュニティや特定の集団に奉仕することである。社会的企業の特徴は，地域レベルで社会的責任感を自ら望んで発揮しようとする点にある。
《粟の事業例や関連内容》
- 前述した「プロジェクト粟」の取り組み。

⑥ 市民グループが設立する組織

社会的企業は，コミュニティあるいは一定のニーズと目的を共有する集団に帰属する人々の関与によって生まれる共同の活力によるものである。社会的企業はこうした側面を何らかの方法で維持しなければならない。
《粟の事業例や関連内容》
- 地域づくりを目標に清澄の村や五ヶ谷営農協議会と連動している[23]。

⑦ 資本所有に基づかない意思決定

一般に，「1人1票制」原則，あるいは少なくとも資本持株数の多寡によって区別されることのない組織統制に関わる投票権(最終的な意思決定権)を意味

する。社会的企業の全てが自己資本を持っているのではないとしても，資本所有者は明らかに重要である。しかし，社会的企業では意思決定権は他のステークホルダーと分有される。

《粟の事業例や関連内容》
・ 粟の場合もこのような意思決定形態をとっている。

⑧ 活動によって影響を受ける人々による参加

顧客の代表権と参加，ステークホルダー志向，民主的な管理方式は社会的企業の重要な特徴である。多くの場合，経済活動を通じた地域レベルでの民主主義の促進が社会的企業の目的の1つとなっている。

《粟の事業例や関連内容》
・ 粟の経済活動は地域振興に寄与している。

⑨ 利益分配の制限

社会的企業には，全面的な利潤非分配制約を特徴とする組織ばかりではなく，一部の国の協同組合のように，制限された割合でしか利益分配をしないことによって利潤極大化行動を抑制する組織も含まれる。

《粟の事業例や関連内容》
・ 前述④参照。

以上のことから，粟は社会的企業としての経済的・社会的の両面の基準を満たしているといえよう。粟の代表取締役の三浦氏は「伝統野菜の高い安心・安全性やそれを育んできた地域の人々，食文化の物語性といった"付加価値"，それにしっかりとした"ブランディング"もともなわなければ，6次産業化の成功はあり得ない[24]」と述べている。地域社会との連携があってこそ観光客を農業でもてなす農家レストランの運営が実現し，社会的企業として存続できるのである。

今後，社会的企業は，まちづくりや雇用の創出としての期待はもちろんのこと，ソーシャル・キャピタルの増大や市民の権利（citizenship）を獲得する機会を得ることに対しても期待されるであろう。

第7章 大和野菜を用いた地域貢献事業

〔注〕
1) 1970年代には遺伝資源として在来品種の収集保存が始まっていたとされる。
2) 農林水産省ホームページ（http://www.maff.go.jp/ 2016年2月29日取得）。
3) 奈良新聞2005年10月6日。
4) 「特集：食で辿る地図」（執筆：草間壽子）の表：各地の「伝統野菜」の定義における歴史・伝統に関する言及を一部抜粋。
5) 奈良県公式ホームページ（http://www.pref.nara.jp/ 2016年2月29日取得），奈良新聞（2005年10月6日，2006年12月22日，2008年3月29日），NPO法人清澄の村ホームページ（http://www.kiyosumi.jp/ 2016年2月29日取得）をもとに筆者作成。
6) 同上。
7) 室屋有宏『地域からの六次産業化－つながりが創る食と農の地域保障－』創森社，2014年，pp. 56～58。
8) 1980年に当時の大分県知事の平松守彦氏が提唱した運動。各地域が主体的に特産物を作り，地域振興を図ることを目的とする。
9) 山村振興対策の在り方等について論議するために開催された会議。
10) 2011年3月1日に施行された。正式名称は「地域資源を活用した農林漁業者等による新事業の創出等及び地域の農林水産物の利用促進に関する法律」。
11) 農林水産省〈調査報告書〉2011年度6次産業支援中央支援事業『6次産業化を推進するに当たっての課題の抽出と解決方法の検討』2011年，p. 50。
12) 利益最大化を追求するprofit-maximizing companyのビジネス。
13) 谷本寛治編著『ソーシャル・エンタープライズ－社会的企業の台頭－』中央経済社，2006年，pp. 6～15。
14) 三浦雅之〈特集寄稿〉「株式会社粟の取り組みと六次産業による地域づくりについての一考察」『地域交流研究 Vol.24』地方シンクタンク協議会，2009年，p. 6。
15) NPO法人清澄の村ホームページ（http://www.kiyosumi.jp/npo/ 2016年2月29日取得）。
16) 2008年設立。ご夫婦の代表取締役の三浦雅之氏と専務取締役の三浦陽子氏によって展開された。
17) 五ヶ谷営農協議会は高樋町を中心とした旧五ヶ谷村である奈良市精華地区を活動範囲として営農活動を行うとともに，粟との加工品開発を行う。事業目的は景観保全や遊休農地対策，地域産業の創出，農村文化の継承，まちづくりの発展に貢献することとしている（http://www.kiyosumi.jp/gokatani/ 2016年2月29日取得）。
18) 坪郷實はソーシャル・キャピタル（social capital）を「社会的ネットワーク（人々のつながり），信頼，互酬性の規範を意味する。」と定義している（坪郷實編著『ソーシャル・キャピタル』ミネルヴァ書房，2015年，p. 1）。
19) 株式会社粟ホームページ（http://www.kiyosumi.jp/company/ 2016年2月29日取得）。
20) 三浦雅之・三浦陽子『家族野菜を未来につなぐ－レストラン「粟」がめざすもの－』学芸出版社，2013年，p. 41，p. 63，p. 86。

21) Carlo Borzaga and Jacques Defourny, - *The Emergence of Social Enterprise* -, Taylor & Francis Books Ltd., 2001, pp.5～6（内山哲朗，石塚秀雄，柳沢敏勝訳『社会的企業－雇用・福祉のEUサードセクター－』日本経済評論社，2004年，pp.27～29）。
22) 三浦雅之・三浦陽子，前掲書，学芸出版社，2013年，p.95。
23) 三浦雅之，前掲特集寄稿，地方シンクタンク協議会，2009年，p.6。
24) 三浦雅之・三浦陽子，前掲書，学芸出版社，2013年，p.99。

【参考文献・資料】
(1) 一般財団法人地図情報センター編『地図情報Vol.34 No.1通巻129号』一般財団法人地図情報センター，2014年。
(2) 柏木克之『地域でめざせ社会的企業－障害者支援施設「麦の郷」の挑戦－』生活福祉研究機構，2013年。
(3) 後久博『売れる商品はこうして創る－6次産業化，農商工等連携というビジネスモデル－』ぎょうせい，2011年。
(4) 斎藤修『地域再生とフードシステム－6次産業，直売所，チェーン構築による革新－』農林統計出版，2012年。
(5) 谷本寛治編著『ソーシャル・エンタープライズ－社会的企業の台頭－』中央経済社，2006年。
(6) 坪郷實編著『ソーシャル・キャピタル』ミネルヴァ書房，2015年。
(7) 内閣府経済社会総合研究所編〈調査報告書〉『コミュニティ機能再生とソーシャル・キャピタルに関する研究調査報告書』2005年。
(8) 農林水産省〈調査報告書〉2011年度6次産業支援中央支援事業『6次産業化を推進するに当たっての課題の抽出と解決方法の検討』2011年。
(9) ノヤ.A編『社会的企業の主流化－「新しい公共」の担い手として－』連合総合生活開発研究所訳，明石書店，2010年（Antonella Noya [ED.], *The Changing Boundaries of Social Enterprises*, OECD, 2009）。
(10) 馬頭忠治，藤原隆信編著『NPOと社会的企業の経営学－新たな公共デザインと社会創造－』ミネルヴァ書房，2009年。
(11) 普及活動高度化等調査研究事業〈調査報告書〉『6次産業化による農業・農村の活性化手引き書！－普及の力は人・地域を変える－』2011年。
(12) 増田寛也監修『地方創生ビジネスの教科書』文藝春秋，2015年。
(13) 三浦雅之・三浦陽子『家族野菜を未来につなぐ－レストラン「粟」がめざすもの－』学芸出版社，2013年。
(14) 三浦雅之〈特集寄稿〉「株式会社粟の取り組みと六次産業による地域づくりについての一考察」『地域交流研究Vol.24』地方シンクタンク協議会，2009年。
(15) 宮坂純一・矢倉伸太郎・西村剛〈論文〉『コミュニティ・ビジネス概念の確立に向けて(1)－奈良県コミュニティ・ビジネスの経営学的研究序説－』奈良産業大学『産業と経済』第22巻第2号，2007年。

⒃　室屋有宏『地域からの六次産業化－つながりが創る食と農の地域保障－』創森社，2014年．
⒄　「大和伝統野菜」調査推進事業〈調査報告書〉『大和伝統野菜調査報告書』奈良県農林部マーケティング課，2009年．
⒅　山本隆編『社会的企業論－もうひとつの経済－』法律文化社，2014年．
⒆　6次産業化フリーペーパー『6channel vol. 10』アール・ビー・アイ，2014年．
⒇　渡辺豊博『共助社会の戦士たち－NPO・社会的企業成功への処方箋－』静岡新聞社，2012年．
㉑　Carlo Borzaga and Jacques Defourny，－ The Emergence of Social Enterprise －，Taylor & Francis Books Ltd．，2001（内山哲朗，石塚秀雄，柳沢敏勝訳『社会的企業－雇用・福祉のEUサードセクター－』日本経済評論社，2004年）．
㉒　奈良新聞2005年10月6日「大和野菜14品目選定」，2006年12月22日「大和野菜5品目を追加選定」，2007年10月20日「観光客から好評大和野菜ランチ」，2008年3月29日「大和野菜に2品目追加」，2008年5月15日「優良品種の試作に成功」，2008年10月27日「大和の伝統野菜県外でPR.本腰」，2008年11月5日「大和まな　ベビーリーフを生食で」，2008年12月18日「働くあなたに故郷の味」．
㉓　NPO法人清澄の村ホームページ（http://www.kiyosumi.jp/npo/ 2016年2月29日取得）．
㉔　株式会社粟ホームページ（http://www.kiyosumi.jp/company/ 2016年2月29日取得）．
㉕　五ヶ谷営農協議会ホームページ（http://www.kiyosumi.jp/gokatani/ 2016年2月29日取得）．
㉖　奈良県公式ホームページ（http://www.pref.nara.jp/ 2016年2月29日取得）．
㉗　農林水産省ホームページ（http://www.maff.go.jp/ 2016年2月29日取得）．

第8章 焼津の地域資源と産業化への取り組み

第1節　焼津の地域資源と産業化

1　焼津の地域資源

　全国有数の水揚高を誇る焼津漁港は，静岡県の中央に位置し，関東と関西を結ぶ東海道のほぼ中央という交通アクセスにおいて好条件な漁港で，水産都市焼津の中核として役割を果たしている。この焼津には「焼津港」と「小川港」の二つの漁港があり，ふたつを合わせて「焼津漁港」とよんでいる。

　「焼津港」は遠洋漁業，「小川港」は沿岸・沖合漁業が主であるため，魚の種類も漁船も違ってくる。「焼津港」は，江戸時代よりかつお漁が盛んで，現在は，かつお・まぐろを主とする遠洋漁業の基地となっている。「小川港」は，さば・いわし類・あじ類などの多獲性魚を採補する沿岸・沖合漁業の基地として栄えている。また，大井川河口の左岸を掘り込んで建設された大井川港は，日本唯一の駿河湾の桜エビ漁を行なう，大井川港漁業協同組合の漁業基地としても利用され，駿河湾名物の桜エビやシラスなどを水揚げしている。

　さて本稿では，焼津の地域資源と産業化について焦点を当て，考察を進める。とりわけかつお節産業を中心に，なぜ焼津で発展したのか，そしてどのような産業が形成され，将来どのような方向性を目指しているのかを考察する。

2　焼津市の概要

　静岡県焼津市は，東京から西へ約193キロメートル，名古屋から東へ約173キ

ロメートル，京浜・中京のほぼ中間に位置する。静岡県の中央部で，北は遠く富士山を臨み，高草山（501メートル），花沢山（449メートル）などの丘陵部を境に県都静岡市に接し，東に駿河湾を臨み，西南は一望に広がる大井川流域の志太平野で，西に藤枝市，大井川を挟んで吉田町と島田市に接している。

年間平均気温16.5度，冬季の降雪もまれな温暖な気候で，面積は70.62平方キロメートル，北部山間部を除き平坦な区域に現在，約５万5400世帯，約14万２千人の市民が生活している[1]。

この焼津は，かつおの歴史がたいへん古く，その歴史は今から約1400年前の弥生時代にまでさかのぼる。それは焼津神社周辺の「宮の腰遺跡」から発掘された遺物に端を発し，この遺跡から土器類や剣・鏡・勾玉などの土製模造品，米などの食糧品に混って魚の骨片が出土したことによる。そして，その骨片は考古学者の鑑定によって「かつお」の骨であることが分かった。これによって当時，焼津一帯の集落の人々が米食をし，かつおを獲って食べていたことが証明された。このことから焼津は，大昔から「かつお」とは切っても切れない縁の深い町であると考えられる。

現在の焼津は，全国でも有数のかつお節の生産地として知られるようになった。そもそも焼津地域は遠洋漁業の焼津港，近海・沿海漁業の小川港があり，

両港の水揚げ量は全国1・2位を占め，特にかつおの水揚げ量は年間約15万トン，全国水揚げ量の40％以上を占めている。また物流面からみた立地条件も関東と関西の中間に位置しており，これらの地の利を活かした焼津は，水産加工業が発展し総合水産都市へと進化した。

3　焼津の地域特性

初めて焼津港から焼津の中心市街地を歩いたとき，その地域の独特な特性に気付くであろう。それは海と海岸線と並行して作られたメインストリートと複数の河川である。駿河湾に面した沿岸には，瀬戸川の他，小石川，黒石川等の中小河川が並行して流れており，これは小舟を使った水路に適している構造だ。つまりこれらの河川は，人工的に作られたものであると考えられる。

なかでも黒石川を木屋川河口に流して沿岸漁業専従の漁港施設として整備したものが小川湊である[2]。駿河湾の特徴は岸近くから水深が深く廻船までの荷役距離は短いが，激しい東風からは防ぐものがなく，廻船は清水湊に避難しなければならなかったことである。

焼津湊は古来東風の高汐により幾度となく被害を受けたが，これと同時に，駿河湾の水深，潮流により海岸が侵食されることも焼津湊が克服しなければならない課題であった。しかし明治後期にはいるとこの岸近くから水深を確保できる特徴は，遠洋漁業基地にとってまたと無い地形的利点として利用されることになった。

それまで焼津浦と称する漁村であった焼津郷四ヶ村は，徳川時代，田中藩その他の廻米積み出し港として整備された。堀川（黒石川），小石川，瀬戸川の河口に水深3メートルを越す船溜まりが生まれ，これを新屋港と称した。当時は河岸稼ぎ，廻船問屋が並び，漁業のまちではなく，海運のまちであったという。

明治初期，焼津湊には200石から1000石の廻船15雙があり，東京から讃岐までを航海して米・塩・肥料・材木・雑貨の運搬に従事していたとされている。また小川湊は大井川筋からの材木を積み出すためにも賑わったものと言われている。東海道鉄道建設に際しては建設資材，レール，機関車等の輸送もまた，

主に海運により，焼津港を利用した。

　焼津のかつお漁船は駿河湾において，徳川幕府からはじめて船鑑札[3]を獲得した。これは他の港への避難に備えての準備である。焼津地区は，他の漁村に較べて特別な好条件を持っていたとは考えにくい。しかし焼津のかつお漁船が発展したのは，海運産業としての廻船業が漁業と並存していたことが影響していると考えられる。

図表1－1　焼津地区の比較

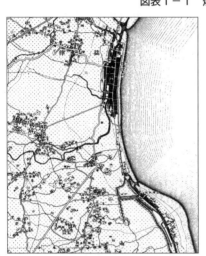

（出所）　左は大日本帝國陸地測量部，明治22年測量，明治24年刊，二万分一地形圖「焼津村」より。右は，国土地理院，昭和63年改測，平成7年刊，1:25,000地形図「焼津」より。

　そして東海道鉄道開通によって，焼津港の海運は急速に衰退した。しかし，瀬戸川筋から島田，岡部方面に行商に出るという焼津の漁業は，沿岸から遠洋へと急速に発展して行く。明治41年には発動機付き漁船が竣工し，これ以降，焼津港は遠洋漁業基地として急速に発達する。そして鉄道による水産物輸送と共に，もともと廻船業と漁業が密接な関係を持った焼津の産業は，海運から漁業へ，そして水産加工業へと業種転換が進んだためと考えられる。

　しかし焼津港の港湾施設はこれ以降も沖積み，沖取り湊の姿のままであり，

大正時代を通じて艀による水揚げ，氷の積み込みには大変な苦労が伴った。昭和初期から築港の機運が高まり，昭和24年より本格的な工事に入り，港湾施設としても遠洋漁業基地焼津港の名に恥じないものが整備され現在に至っている。

　ここで改めて焼津の地域特性を整理すると，現在は水産業，水産加工産業が主力であるが，江戸時代までは海運物流業が主力の産業であったと考えられる。明治後期には帆掛舟から動力船に代わり遠洋漁業が盛んになり，さらに大正期には東海道本線という鉄道が敷かれ，東京や関西への巨大マーケットにアクセスすることが出来るようになった。そして海運のために人工的に作られた河川は，水産加工業の製造業には欠かせない水資源として利用され，産業の発展に寄与したと考えられる。

第2節　かつお節産業の生成と歴史的変遷

1　焼津とかつおの歴史

　焼津は現在，全国でも有数のかつお節の生産地として知られている。焼津とかつおの歴史は，今から1400年余以前の弥生時代にまで遡ることは前述のとおりである。延長5年（927年）に醍醐天皇の命により撰集された「延喜式」（平安時代初期の法律・社会を知る重要な文献）に，駿河国焼津浦より堅魚（かたうお）煮堅魚（にかたうお），堅魚煎汁（かたうおいろり）の貢租があったと記述されている。また奈良の正倉院に保存されている「駿河国正税帳」という古文書のなかにも，焼津を中心とした地域が煮堅魚の特産地として記録されている。堅魚や煮堅魚は，かつおを素干ししたり，煮て日干ししたもので，今の「かつお節」のルーツと考えられている。

　これらの文献を通してみても，焼津の「かつお節」の発祥はかなり古く，土地の産業として根を下ろしていたことがわかる。現在一般に使われている名称は，戦国時代から江戸時代初期の間に変わったものと考えられる。しかし，当時のかつお節は現在のかつお節とは相当な違いがあったようだ。

その後，延宝2年（1704年）に紀州（和歌山県）の漁師である甚太郎があみだした「燻乾法」が，現在のかつお節という言葉の起源と言い伝えられている。焼津においては徳川三代将軍家光時代の，当地方の田中城主（藤枝市にあった）松平伊賀守忠晴が遺した古文書，寛永19年（1642年）の「萬覚」と「駿河田中城中覚書」の中に，田中領分にあるものとして，「かつお節」の名称が残されている。これらの史実からみると焼津では，すでにそれより50年余早く「かつお節」の名称が用いられていた。

2　大坂と江戸

　国土の狭い日本だが，大坂（関西）と江戸（関東）では様々な文化が異なっている。そしてかつお節に関しても，大坂と江戸では違いを発見することができる。

　西の主要生産地である土佐・薩摩は，天下の台所である大坂へかつお節を輸送する際に，発生するカビに悩まされた。その後，長年の製造経験の中から，節の表面に良カビを生やすことにより，悪カビが生えることが出来ない環境にしてしまうという，苦肉の策が考えだされた。「毒をもって毒を制す」の諺どおりの製法で，このカビ付けは1回だけ行われ，これを「節一乾」と呼ぶ。このかつお節が，大坂の味の文化として今でも受け継がれている。

　また，大坂に集められたかつお節は，江戸を中心として各地に「下りもの」[4]として流通した。江戸へは海路を使って船で輸送したが，昼は陸を見ながら走り，夜は港につけ，風や雨の日は港で待機をし，回復してから出港するという天候任せの航海だったので，輸送には10日から1ヶ月ほどの時間がかかった。一乾の節はまだまだ水分が多く，潮風・波しぶきに当たることにより，新たなカビが発生した。

　また，江戸に到着してから蔵に保管している間もカビが発生し，再三払い落とす必要があった。しかし，「カビが付き，それを払い落とす」の繰り返しの中で，経験的に『かつお節が良質化する』ことに，江戸のかつお節問屋は気がつく。その良質化とは，魚臭さが減少し，旨みが増大して特有の香気が醸しだ

第8章　焼津の地域資源と産業化への取り組み

され，だしが濁らなくなる等である。結果的にカビが付くことが繰り返されたかつお節が出回り，江戸の味の文化として定着した。

　大坂のかつお節は，悪カビが生えないようにすることを目的に，カビ付けを1回だけ行った荒節である。それに対して江戸のかつお節は，美味しく良質化するための目的にカビを数回付けた本節である。カビ付けの目的が違うことによりできた荒節と本節が，東西の味に影響を及ぼしたことになる。

3　伊豆節と焼津節

　西の土佐・薩摩に対して，東の一大産地は西伊豆の田子であった。伊豆七島の近海でかつお節に適した魚質のかつおがたくさん獲れ，気候風土も合わせてかつお節造りに大変適した土地である。ここで生産される「伊豆節」は，大坂に送られることがないので，当時の全国的な知名度は土佐・薩摩には及ばないが，江戸のかつお節問屋との直接的な取引で，販路はしっかりと確保されていた。

　江戸のかつお節問屋は，カビ付けの効用を田子のかつお節職人に教え，少なくても3番カビ付けまで行った本節の製造を要求した。田子の職人はこれを難なくこなして，先進地土佐のかつお節とは違った独特の「伊豆節」を生み出した。明治初年において，3番カビ付けを完成品とする「本節」の誕生である。

　土佐式が，納屋の中に裸節を蔵置して，悪カビの発生を防止する目的で1回のカビ付けを行ったのに対して，伊豆では悪カビの発生防止だけでなく，更にかつお節の味を良くする目的を持たせ，3回のカビ付けを徹底して行うことにより，「伊豆節」は天下の名産品の仲間入りを果たした。

　その後，明治40年代には，4～6番カビ付けの「本枯節」が出現して完成される。これに合わせて「伊豆節」は，全国的に大変高い評価を受けるようになった。カビ付け方法の足跡の年代設定は，諸説があり明確ではないが，明治33年に著されている「静岡賀茂田子かつお製造法」には4番カビ付け以降の記述もあり，明治40年代より前に「本枯節」が造られていたとも考えられる。

　「伊豆節」は，駿河湾の対岸に位置する焼津に伝えられ「焼津節」として発

展する。焼津は，田子から学んだ製法に更に改良を加え，機械化による大量生産に移行した。かつお漁が遠洋化するのに伴い，焼津港は国内有数の水揚港となり，潤沢に原料の確保が出来るようになった。東海道本線の鉄道開通により，東京への輸送ルートも確保され，一気にかつお節産業が発展し現在に至っている。

他方，先進地である土佐・薩摩では，江戸がどんどん発展し，その後東京を中心とする東日本のかつお節需要が増大すると，明治40年以降になって東京向けの本節を製造するようになった。

第3節　焼津のかつお節産業

早春，フィリピン東方の海域にいたかつおの群れは，黒潮にのって北上しはじめる。西南諸島の沖合を通り，3～4月に九州，四国の沖合いに達し，伊豆半島の沖にたどり着くのは5～6月の初夏である。かつお節の原魚となるのは，この頃までのものが良く，夏以降の房総半島沖合い以北で捕れたかつおは脂肪が多くて適さない。江戸時代，かつお節の名産地が薩摩，土佐，紀州，伊豆にあったのは，このためである。

焼津のかつお節生産は，明治時代1880年頃から西伊豆の荒節や，千葉県，茨城県，福島県などの荒節を買い入れ，焼津で仕上節に加工して東京などの消費地市場に出荷するようになった。地の利の良さを活かした，資本力の大きい焼津の業者の経営法である。

同時に技術面の高度化にも努め，1890年頃には土佐，薩摩，伊豆などの各地から優れた技術を取り入れて「焼津節」の改良型を完成させた。同時に焼津のかつお漁船も徐々に大型化し，伊豆諸島沖の脂肪の少ないかつおを水揚げできるようになり，遂に1895年の国内勧業博覧会では，かつお節の1，2，3等賞を独占するまでになった。ここで焼津のかつお節は，全国の標準型として統一されたと言われている。

第8章　焼津の地域資源と産業化への取り組み

　一方1889年の東海道本線開通は，焼津のかつお節産業の発展に力を添えた。各地からの荒節移入が明治時代後半から増加し，大正時代（1912〜1926）には，焼津がかつお節の全国的な集散地となり，三陸地方から鹿児島に及ぶ各地から荒節を移入し，さらに焼津の代表的な業者は，台湾，奄美大島，ロサンゼルス近くの漁港などへ進出して荒節を作り，それを焼津に移入して仕上節に加工した。

　焼津のかつお節業者の活動は，このようにスケールも大きく，大手かつお節業者は20世紀初めから50〜100人規模の従業員を雇用した。さらに経営者自身が製造技術の派遣教師になって全国各地へ出張し，その地で荒節が生産できるようになると，これを焼津に移入して仕上節に加工し，大消費地市場へ出荷した。彼らはかつお節産業における大問屋となり，技術指導者であり，問屋主導型流通システムを築いたパイオニアである。

　焼津は，こうして20世紀初めから日本一のかつお節産地となったが，その製造現場は，1960年代の高度成長期にいたるまでは，熟練従業員の技術と労働に依存する手工業的生産を維持していた。この製造法が近代的工場制に変わったのは，1970年代後半以降のことであり，またその過程は，かつお節生産力が上位企業に集中する過程でもあった。つまり力のある業者が多い焼津，枕崎，山川の三産地にかつお節生産が集中することになった。

　現在の焼津漁港は特定第3種漁港であり，かつお・まぐろを中心とした遠洋漁業基地である焼津地区と，サバ・アジを中心とした沿岸・沖合漁業基地である小川地区，及びその間に位置する新港地区からなっている。焼津魚市場・小川魚市場という2つの卸売市場を擁しており，開設者はそれぞれ焼津漁業協同組合と小川漁業協同組合である。

　焼津漁港における2007年の水揚げ量は銚子に次いで全国2位，水揚げ金額は福岡に次いでこちらも2位であり，全国でもトップクラスの水揚げ量・金額となっている。なお，08年に旧・志太郡大井川町が焼津市に編入合併されたことで，焼津市の漁港には桜エビやシラスの水揚げを中心とする大井川港が加わっているが，ここでは焼津漁港（焼津・小川）のみを対象としている。

焼津漁港における水揚げ量のほとんどをまぐろ類とかつおが占め，それらにサバ・アジが続いている。総水揚げ量は02年の約25万tをピークに減少傾向にあり，07年の水揚げ量は約20万tとなっている。併せて水揚げ金額も確認すると，92年の約680億円から，04・05年の約380億円まで減少したが，近年ではかつおの単価上昇が生じ，07年には約440億円となった。

第4節　焼津の主な産業と地域資源

　焼津市における水産加工業の代表はかつお節製造業であり，高知県などからの技術移転による技術・技能の向上に加え，焼津港におけるかつお水揚げ量の増加と共に発展してきた。

　また，近海かつおが水揚げされる春先から秋口にかけてかつお節を製造する傍らなまり節や佃煮の製造が，冬場の裏作的な位置づけとして練製品の製造がおこなわれていた。その後，かつお節から他業種へのシフトをおこなう業者が出現したことで，業種毎の専門化が進展した。また，70年代半ばから開始されたかつおたたきの製造規模が拡大していることも注目に値する。その他の業種としては塩サバ製造があり，1960年代中盤に隆盛をみたものの，近年は減少傾向を辿っている。

　焼津市の水産加工業は，その幅広い加工業種のラインナップによって，焼津港に水揚げされる漁獲物の受け皿となってきた。かつおを中心としつつも，幅広い魚種・品質の漁獲物を大量に処理し得るという特質が，焼津港を全国でも有数の水揚げ港にする一要因となり，さらに全国有数の水揚げ港に立地し，かつ大消費地である東京・名古屋と近接しているという好立地も相まって，一大水産加工集積地として成立した。ここでは焼津の主な特徴や産業，地域資源を紹介する。

第8章　焼津の地域資源と産業化への取り組み

1　焼津漁港の整備

　焼津漁港の整備は，昭和14年に国の施策として着手されて以来，昭和26年に漁港指定を受け，漁港整備計画の工事が進められ，内港整備から外港整備に着手している。昭和52年から，荷捌きの合理化，船の大型化等に対応するため，焼津港は外港の完成を目指し，小川港も狭隘な内港から外港への転換を進め，昭和57年度から漁港整備長期計画の整備が行われた。

　狭隘となった焼津地区内港の荷捌き機能を移設し，遠洋漁業，流通・加工拠点としての充実を図るため新港の整備を進めた。平成6年度，水産都市「焼津」の核となる都市型漁港と流通加工の拠点の形成を目標に，焼津・小川地区を一体化させるための埋め立て造成が進められてきた。計画期間が終了した平成13年度までに，新屋・城之腰地先の埋立てが完了し，新市場の整備とともに新港への機能移転が徐々に進んでいる。静岡県では，水産都市「焼津」の核となる都市型漁港と流通加工の拠点の形成を目標として焼津漁港の整備を進めている。

2　遠洋かつお漁業・遠洋まぐろ漁業・漁業基地

　古い歴史と伝統のある焼津漁港は，漁船の大型化など新しい時代に対応するため，新たな整備がはじまり，焼津外港には，平成22年には9メートル岸壁が完成し，遠洋漁業の大型冷凍運搬船や海外まき網船が盛んに水揚げを行っている。焼津新港は，最新の効率的な水揚げ設備，先進的な衛生設備を備えた市場，零下65度の超低温冷凍倉庫などが整備され，全国最高レベルの漁港として，日本の漁業の中心的な役割を果たしている。

3　冷凍かつお・冷凍まぐろ　遠洋漁業水揚げ基地

　焼津のかつお・まぐろ漁業の歴史は古く，既に江戸時代に，駿河湾において沿岸漁業が行われていた。明治初期に，漁船の大型化をはかり，沖合の漁場に挑むようになり，遠洋漁業の基礎がつくられた。明治41年，初めて石油発動機

付漁船が建造され，漁場も黒潮流域の遠方に拡がった。昭和初期，かつお・まぐろ兼業船が建造され，遠洋漁業は発展し，昭和27年以降，南洋漁場の開拓で，東はミッドウェイ島近海から西は南シナ海，南は赤道付近にと縦横に活躍し，焼津は全国一の遠洋漁業基地として，世界にその名が高まった。

かつお漁船には，遠洋かつお一本釣り漁船と海外まき網漁船の2種類があり，獲った魚を冷凍庫（-40度）で保存し鮮度を保持し水揚げする。まぐろ船は，遠洋まぐろはえなわ漁船で漁獲し，冷凍庫（-55度）で保存し鮮度を保持し水揚げしている。

現在では，焼津港に水揚げする大型漁船は年間700隻を数え，その航跡は，太平洋からインド洋，大西洋と世界中の海域に及ぶ。全国有数の水揚げ実績を誇る，遠洋漁業水揚げ基地に発展している。

4　焼津魚市場・冷凍魚の場合

焼津魚市場では，午前7時から競りが始まり，遠洋で獲れたかつお・まぐろは冷凍されているので，船から降ろした魚の見本を見て，仲買人は買う値段と量を決める。競りが終わると，午前8時〜水揚げ作業を始めるが，この時，魚のサイズなどを揃える荷捌き作業を行う。そして，仲買人は買った魚を積み込んで出荷する。荷捌き作業は，トラッククレーン，フォークリフト，ベルトコンベアなどを使用して効率よく行う。

5　小川魚市場・生鮮魚類の場合

小川港魚市場では，沿岸・沖合で獲れたサバ・アジなどは，競りに間に合うよう船から降ろして，駿河湾深層水と氷を入れた大きな箱に入れて市場に並べる。午前7時〜競り売り開始，市場に並べられたたくさんの魚の値段を，競り人が素早く決めていく。仲買人は買った魚を駿河湾深層水・氷と一種にスチロール箱に入れてから，積み込んで出荷する。小川港では，朝の競り以外にも夕市がある。

6　焼津で水揚げされる魚

　大型サバ・瀬付き鯖は，駿河湾河口の相の瀬や小台場など，いずれも焼津から数時間の近距離に漁場がある。そこで獲れる鯖は，深い青緑色の地に「く」の字の鯖紋もあざやかな，瀬付きの鯖と呼ばれる。身がしまって脂ののったそれらの新鮮な鯖を原料に使用して「塩鯖」「鯖フィレー」「しめ鯖」などに手早く加工し，おいしく仕上げたのが焼津の鯖である。

　内湾の波静かな海で漁獲される，青魚の中で一番栄養があるといわれている新鮮なイワシは，魚市場で，朝一番で競が行われる。競で落とされたイワシは，すぐに運ばれて加工される。アジは，太平洋の黒潮にのって，良質なプランクトンを求めて，群れをなし北上する。駿河湾にも，水温の上昇にともない，6月～7月ごろには，脂ののった鯵が獲れ，最漁期を迎える。旬を迎えた鯵には，アミノ酸のなかのヒスチジンとイノシン酸（旨みのもと）が多くなり，さっぱりとしていながら，コクのある味になる。

　そのほか大衆魚の王者と言われる鯵は，脂肪が多いがくせが無く，旨みの多い魚である。鯵の開きは，年間約4億枚が消費されている。地付き鯵と回遊鯵では格段に味が違い，地付き鯵が最も美味しくなるのは5月～7月頃である。回遊鯵は，大量に採れる時期が旬の目安で，駿河湾沖は4月頃で脂がのっている。駿河湾の地付き鯵「ムロアジ」は，大型のアジで，水揚げされた新鮮なムロアジは，干物を始め様々な加工製品に利用される。

　一本釣りの大型魚ビンナガは，脂がなく，白身で，煮ると身が締まり，歯応えがあるため，缶詰としては最高の原料である。外国では缶詰材料として最も尊ばれ，ホワイトミートと呼ばれている。まぐろの中では1メートル前後と小型で，市場ではもっぱら「びんちょう」，静岡県では「とんぼ」と呼ばれている。焼津でも，ツナ缶詰を始め様々な加工製品に利用されている。脂ののった時期に漁獲し，冷凍にして流通し，刺身で脂もあり旨味もあり，回転寿司や持ち帰りの寿司店などで人気が高まっている。

　一本釣りの真鯛は，沿岸のやや深い岩礁にすむ海水魚で，餌の多い沿岸で甲

殻類を好んで食べ，産卵期の４月〜６月頃になると海岸近くの浅い海にくる。桜が咲く時期に，外洋から湾にのぼる真鯛は桜鯛と呼ばれている。真鯛は，刺身や塩焼き，何で食べてもおいしい魚だが，鯛をまるごと味わう鯛飯も人気だ。旬は真冬で，１月〜２月に出回る量が多く，脂も乗り旨い時期を迎える。

　そして一本釣り漁は，かつおを一本ずつ釣りあげる日本古来の漁法で，漁獲量よりも，品質を重視した漁法といえる。船員専用の釣り竿を使い，一本ずつ釣っていくという極めてシンプルで，魚体を大きく損傷させない漁法である。釣り上げてすぐに，生きたままを瞬間凍結することが可能で，獲れたての鮮度を保つことができる。駿河湾には，黒潮に乗って季節のかつおが回遊することから，古くから，一本釣りかつお漁が定着している。駿河湾伝統の一本釣りかつお漁は，駿河湾名物の，かつお節生産や遠洋漁業などの基盤となっている。駿河湾では潮の流れの関係で，一般に言われているより旬が遅いことが多く，ブリは寒が旬だが，彼岸ブリは３月下旬が一番美味しい時期になる。

　また駿河湾は，栄養分豊富な漁場に恵まれており，豊かな海藻類が生い茂る海にも恵まれ，沿岸の漁場では年間を通して，太刀魚など，季節の多種多様な地魚が漁獲され，地元の漁港に水揚げされている。甘く美味しい刺身などで人気の高いアオリイカは，大きくなると45cm程度になる大型のイカで，春から夏になると，黒潮に乗って太平洋沿岸にやって来る。国内で漁獲されるイカの半分以上がスルメイカで，真イカと呼ばれている。スルメイカは主に夏場に漁獲され，スルメ干しなど加工用途以外に，新鮮なものは，イカそうめんなどの刺身で食される。

　次に駿河湾は，沖合いに黒潮が流れていることや沿岸に栄養分に富む河川水が多く流入し，栄養豊富な好漁場にも恵まれており，伊勢エビなどが漁獲されている。伊勢エビは，９月〜５月が漁期で，最盛期は７月上旬〜８月上旬である。駿河湾の天然ヒラメは，比較的岸寄りの浅瀬の砂地に生息する地魚で，船曳網や刺網漁などで獲られている。11月下旬から２月ごろまでが，身が肥えて美味しい時期で，特に１〜２kgのものが好評である。

7 大井川港・産業製品物流港・漁業基地

　大井川港は，大井川河口の左岸を掘り込んで建設された，焼津市営の港湾である。その源は，南アルプス白根山に発し，160kmにもわたり豊かな水を駿河湾に注いできた大井川である。大井川が河口に運んできた砂利を国土建設のために都会に移送する港として，昭和39年に開港した。その後，静岡県内第4位（輸移出入貨物取扱量）の重要な港となる。焼津市では，大型船を含めた大井川港の活用促進を目指し，岸壁では通常の荷役業務のほか，災害時には住民避難や物資の緊急輸送などにも対応する。

8 日本唯一駿河湾の桜エビ漁・シラス漁　大井川港漁業基地

　桜エビ漁は，毎年3月下旬から6月上旬の春漁と，10月下旬から12月下旬の秋漁の2回行われ，桜エビは，日本で唯一駿河湾のみで水揚げされる。桜エビ漁は産卵期を除いた春と秋に，それぞれ約2ヶ月間に限定されている。桜エビ漁場は，主に大井川沖と富士川沖で，大井川漁協の大井川と，由比漁協の由比・蒲原，3ヶ所の基地に許可証を持つ漁船が，2艘が一組になり網を引く船曳き網で漁をする。漁獲された桜エビは，大井川漁港と由比漁港に水揚げされる。

　また，深海性の桜エビは，日中は水深200〜500mの深さに生息しているが，夜間になると30〜60mの水深まで上がってくる。そのため，桜エビ漁は夜間に出漁し，漁も夜間に行われる。漁法は「船曳き網」で，2艘の船で網をひいて，浅瀬にいる桜えびに網をかけて捕獲する。また，現在主流の漁法は，フィッシュポンプを使用し，素早く漁獲し効率的に水揚げしている。

　桜えび漁の始まりは，駿河湾に小さな美しい桜色をした神秘的な海老がいることは，江戸時代から漁民の間で知られていた。明治27年（1894年）12月，鯵の夜曳漁に出掛けた今宿（由比町）の望月平七と渡辺忠兵衛は，富士川尻沖の漁場に着いてから，網を浮かせておく浮樽を積み忘れたことに気づき，しかた

なく浮樽無しで網をおろしたところ，網に一石以上もの桜えびが入った。これを機に桜えび漁は一気に盛んになり，駿河湾の特産品として全国にその名を知られるようになった。

9　焼津水産流通加工団地・焼津和田産業団地

　当該分譲団地は，良質な伏流水に恵まれている市南部に立地し，鉄工団地，水産加工センターに隣接するなど企業の集積化が進められている地区にある。当団地中央には，都市計画道路の整備が予定され，完成時には，焼津港・大井川港へ直接乗り入れることができ，港を利用する企業には絶好の条件である。焼津市は，年間を通して多くの観光客が訪れる「焼津さかなセンター」でも有名な全国有数の水産都市である。焼津漁港と小川港には，かつお，まぐろ類，サバ，アジ類が水揚げされ，それらを原材料とする鰹節類やねり製品などの水産加工業も盛んで，質，量ともに全国のトップクラスである。それに伴う船舶用機関や水産加工用機械の生産も盛んであり，焼津市の工業部門を担っている。

10　焼津水産加工団地・焼津ブランド製品産出

　静岡県のほぼ中央に位置し，年間水揚げ約22万トンを誇り，全国有数の遠洋漁業の水揚げ基地で，その大半はかつお類・まぐろ類などが占めている。沿岸漁業で獲れる大型のムロアジ・ビンナガ等の地魚も豊富に水揚げされている。焼津は豊富な種類の新鮮な魚や水揚げ量が多いことから，古から水産加工も発展している地域で，焼津市内には約450軒の加工業者があり，自慢の水産加工製品を造り続けている。焼津市では，地域産業の振興や水産業の近代化などを図ることを目標に，水産加工業の団地化などを推進している。水産加工団地では，地元漁港などに水揚げされた新鮮な，原材料を活かした水産加工製品の開発や製造に取り組み，高品質の加工製品を生産し，広く国民に支持され信頼される，焼津ブランド製品を生み出し，全国市場に供給している。

第8章　焼津の地域資源と産業化への取り組み

11　焼津鰹節水産加工業協同組合・1400年余の歴史と伝統

　焼津の「鰹節」の発祥はかなり古く，土地の産業として根を下ろしていたことがわかっている。天然調味料である「鰹節」は，私たちの遠い祖先が生み出し，日本人の食生活と共に歩んできた世界に誇れる食品である。現在も，毎年11月23日に皇居で行われる新嘗祭には，神饌用のかつおぶしを焼津鰹節水産加工業協同組合から献上している。

　そして全国屈指の品質を誇る焼津の鰹節は，その地位を維持している秘密が焼津の伝統的な製法にある。焼津の鰹節の製造技術は独特で，生切り（なまぎり）工程では土佐（とさ）切りと伊豆固有の地切り（じぎり）を併用した方法を用いる。煮熟（にじゅく）では他と比べて焙乾（ばいかん）を重視しており，焙乾以降一週間から十日間焙乾を重ね，黴（かび）付けでは焙乾を十分に行なっているので削り終えた節を再び焙乾することはなく，日乾のみで樽に詰め，十五日から二十日すれば好ましい状態で蒼黴（あおかび）が発生，日乾の後これを払い落とすことなく樽詰めにする。改良を重ねながら受け継がれてきた製造技術は，今や鰹節の標準型として全国に普及している。

　かつお節となまり節の違いは製造工程にあり，なまり節は製造工程の上からは，「煮熟」の後に「骨ぬき」して表面の水分を乾燥させたものである。つまり「焙乾」の作業で1回目の焙乾を一番火といい，この段階の節をなまり節と呼んで，それ以降のものと特に区別している。なまり節は，新鮮なかつおを原料として造られる焼津の特産品で，明治以前より生産されていた。そして現在では，全国生産の95％以上が焼津から出荷されている。子供からお年寄りまで安心して食べられるなまり節は，無添加物自然食品である。

12　焼津市のツナ缶文化

　焼津の水産物は，冷凍品のまぐろやかつおをはじめ，近海生鮮ものサバやアジなど50種類以上の魚やそれらを加工した，缶詰・佃煮・かつお節・塩サバ・黒はんぺん・蒲鉾などの練り製品などが生産されている。焼津では，1935年頃，

農林水産省水産講習所教授の清水亘博士が，まぐろを利用したプレスハム製品を試作した。1938年，南興食品（株）（焼津市）が　清水博士の指導を受けながらまぐろを原料に，ツナ・ハムの製造を開始し，1948年，ツナ・ハムの本格的生産をスタートした。1974年，製造方法の大幅な変更，防腐剤の使用を取りやめ，加熱殺菌をして10℃以下で流通保存（低温度流通製品），の3通りによる製造方法が採られるようになっている。焼津は，ツナ缶といえば静岡と言われるツナ缶の生産地に発展している。

13　焼津の伝統の和船「八丁櫓」が渡仏・世界木造帆船祭りで人気を博す

焼津市に，「八丁櫓」（全長13m，最大幅4.3m）の伝統の和船がある。NPO「焼津八丁櫓街づくりの会」は，この帆船を復元し日本財団の支援も受け，さまざまなイベントに活用している。近年にはフランスのパリ近郊のブレスト市で開催された世界帆船フェスティバルにも参加し，人気を集めた。まちづくりの会によると，江戸時代，和船の櫓は軍事上の理由から最大七丁と定められていた。しかし将軍を秀忠に譲り，駿府城（現在の静岡）に移った徳川家康は焼津の船だけに限りスピードをあげることができる八丁櫓を認めたという。この和船は速力があり，小型で小回りがきくことから焼津のかつお漁の発展に寄与したが，漁業の近代化で姿を消した。まちづくりの会は，八丁櫓の和船の復元により失われつつある船の文化を継承し，これを活用したまちづくりのイベントを実施している。

第5節　焼津の水産加工産業の展望

このように焼津は，豊かな海洋資源に恵まれ，古くは海運業が栄えた地域であるがゆえに水路が整備され，その水路が工業用水として水産加工業が発展した。さらに関東と関西の中間に位置し，東海道本線といった鉄道に加え，東名

高速道路といった幹線道路を持ち，巨大マーケットに直接アクセスできる立地条件を有している。

　特に明治時代や大正時代に築かれた鰹節産業が主力の産業に成長し，そのほかの水産加工業も盛んになった地域である。そして特筆すべきことは，焼津の鰹節産業が地域内分業を生み出したことである。この地域内分業とは，鰹節の生産工程ごとに独立する企業がサプライチェーンを構築し，生産の元請会社，下請，孫請というようなピラミッド組織の連携組織を構成し，その地域が一つのかつお節工場のように機能する姿を表している。焼津のように地域内で生産工程ごとに独立した企業が連鎖する地域は例を見ない。

　地域内分業で成長した焼津のかつお節産業は，成熟期を迎えた日本経済の中では国内マーケットが年々減少し，企業間競争の激化，価格競争やデフレーションの進行によって低価格化を余儀なくされている。

　下請（孫請）と元請会社との価格交渉では，製品価値ではなく，労働価値しか認められない。製品価値とは，商品が持つベネフィットに相当する価値であり，商品の開発努力によって付加価値を高め，販売単価を引き上げることができる。一方労働価値とは，既に商品開発は完了しており，その商品を効率的に生産する価値である。従ってローコストで生産できるほど価値が高まる。言い換えれば企業が努力するほど取引単価は低くなる。

　このような低価格化のなか焼津のかつお節産業は，先人，先達の努力によって原料かつおの一大水揚げ基地とともに，かつお節・削り節といった製品の一大生産地，集散地として全国をリードしてきた。このパイオニア精神を活かして，低価格化を乗り越える努力を行っている。

　焼津のかつお節加工業における近年の取り組みとしては以下のようなものもある。ひとつはかつお節の製造技術に関する動きである。1983年に発足した「焼津かつお節伝統技術研鑽会」では，古くから伝わる製造技術を保存・伝承するため，熟練工による若手への技術指導がおこなわれている。また，2007年には青年会による独自の講習会，「焼津かつお節道場」も開始されており，かつお節の製造技術に関する取り組みが進んでいる。

次に地域団体商標への登録が挙げられる。2006年12月に「焼津かつお節」の商標が登録され，地域ブランド確立に向けた取り組みが進められている。「焼津かつお節」とは，焼津市で生処理・煮熟・煤乾製造した仕上節・荒仕上節・荒節の内，ブランド認定基準を満たしたものであり，ブランド品審査会における検査をクリアしたものが認定される。

　また「焼津かつお節」を原料とした削り節・粉末調味料・液体調味料・その他派生商品の表示にもブランドマークを用いることができるとされている。焼津かつお節水産加工業協同組合においては，今後ブランドかつお節の販売量を増加させる意向を有しており，現在の調味料等の原材料としてのかつお節生産に傾斜した状況から，より品質を重視しつつ最終製品あるいは原材料としての地位を高め，焼津の存在を前面に押し出していく狙いが見て取れる。

　そしてかつお節産業にとどまらず，総合水産都市としての発展に着手している。これらの取り組みを通じて，国内マーケットではブランドを築き，グローバル化に備えた新たな産業形成に努力している。

〔注〕
1) 焼津市の住民基本台帳（2016年1月31日現在）より。
2) 小川港は焼津の中でも近海漁業の港として現在でも栄えている。
3) 新造船に対して藩が発行した納税用の登録証明書。船名，船主，積石数，寸法が記された。
4) 江戸時代，文化の中心であった京都から江戸へ優れた商品が運ばれた。モノが下って来たので「下りもの」と言った。

【参考文献・資料】
(1) NPOピアホリディ文化交流協会「日本の郷文化」2016年アクセス。
(2) 社団法人静岡県建築士会「5－5．焼津湊」『海の東海道』1993年3月。
(3) 消費者庁食品表示課『かつお削り節，かつお節の流通状況』2010年7月。
(4) 中原尚知「静岡県焼津市における水産加工業の現状と課題」『構造再編下の水産加工業の現状と課題』，東京水産振興会，2011年5月。
(5) にんべん「鰹節の歴史」『かつお節塾』。
(6) 平田良「焼津かつお節産業の課題」，静岡精華短期大学紀要第5号，1997年1月，pp.1－14。

(7) 焼津市「東京と名古屋のほぼ中間に位置」『静岡県焼津市のすがた』2015年。
(8) 焼津水産加工業組合「焼津とかつお節」『焼津鰹節』2007年。
(9) 若林良和『かつおの産業と文化』成山堂書店，2007年11月。
(10) 若林良和『かつおと日本社会』筑波書房，2009年4月。
(11) 和田俊『かつお節』幸書房，2006年6月。

第9章 「自然栽培」に期待される農業発の地域イノベーション

第1節 「自然栽培」と「羽咋」

 「自然栽培」は，無農薬・無施肥・無除草剤を特徴とする農法である。「食の安全・安心」がかまびすしい昨今，当該農法はまさに時代の要請に合致した技術といえよう。
 近時は，農法成功者の半生を描いたストーリーが『奇跡のリンゴ[1)]』として映画化されるなど，話題性が相俟ってこの認知度も高まっているようである。
 渦中，石川県羽咋市の「JAはくい」は，自然栽培の話題が耳目を集める以前から，羽咋市と協働して当該農法を導入した営農指導を戦略的に展開している。この連携の特徴は，TPP参加を措定したものととらえられるとともに，農業を市政の中核に据えるといった大胆な発想の転換にある。JAと自治体の連携は決して珍しくないが，この取り組みは全国の事例でも前例なき先駆的ケースであろう点に着目したい。
 自然栽培は，市場の未成熟，安定供給の困難性および就農者不足などに起因して未だ発展途上段階にある事実は否めない。ところが，これまでの活動が功を奏し，課題克服すなわちイノベーション創出に前途の光明が見えつつあるという。
 羽咋市は，石川県の能登半島の入口（東西南北の交通結節点）に位置し，東西南北ともに約11km，面積81.85k㎡，人口23,000人弱の小さな地方都市である。石川県内では「口能登」とも称され，南北は北陸を代表する主要都市「金沢」

から「中能登・奥能登」を南北に抜け，東西には「寒ブリ」が代名詞ともなっている富山県氷見市に抜ける交通の要衝としてヒト・モノの交流が活発な地域である。

反面，能登半島の玄関口という立地条件ゆえに，いわゆる通過型観光地の側面をもち，強みと弱みが両刃の剣の関係で併存しており，克服すべき課題も抱えている。

こうした中，近年の動向として2013（平成25）年に金沢と能登を結ぶ全長約90kmの石川県の大動脈「のと里山海道（旧能登有料道路）」の無料化，2015（平成27）年には輪島を舞台に設定されたNHK朝の連続テレビ小説「まれ」の放送，同年の北陸新幹線金沢開業を契機として能登半島が観光地として従前にも増して注目されており千載一遇の好機にある。

さらに，2011（平成23）年6月の「国連食糧農業機関（FAO）[2]」（北京）主催の「世界農業遺産国際フォーラム」において，羽咋市以北の能登地域4市4町で構成する「能登地域GIAHS推進協議会（七尾市，輪島市，珠洲市，羽咋市，志賀町，中能登町，穴水町，能登町）[3]」の申請が「世界農業遺産（GIAHS）[4]」に認定された。GHIASと自然栽培は親和性が高く，当該農法の普及促進をはかる同市にとっては，まさに追い風といったところであろう[5]。

しかし，世界農業遺産活用実行委員会［2013］[6]によれば，能登の農家数は減少傾向にあり，自給的農家も含めて高齢化や後継者不足が喫緊の課題となっており，特に，条件の悪い山間部の棚田や谷あいの田んぼは，機械による効率化が難しく，耕作放棄地も増加しており（世界農業遺産活用実行委員会［2013］，p.5），地元だけでは困難になった棚田の維持や景観保全のために「棚田オーナー制」など都市住民との交流に積極的に取り組む地区も多いと報告されている。

また，羽咋市神子原地区の自然栽培米の取り組みを例示して（同上書，p.8），能登では過渡期を経て，生物多様性や里山里海の維持・保全のために新たな米作りの取り組みがはじまっていると報告されている（同上書，p.5）。

さらに，JA石川によれば，能登は農林水産業と観光が主力産業であり，特

第9章 「自然栽培」に期待される農業発の地域イノベーション

に農業の振興が当地域の浮沈の鍵を握っているが，中山間地域が多いことから圃場条件が悪く99％が家族経営で，経営耕地面積が1ha未満が68％で2ha未満では90％を占め，小規模農家の比率が極めて高い点が特徴になっている[7]。

こうした動向の中，2018年1月に地方再生法にもとづく地域再生計画に「羽咋PRIDEプロジェクト――人と自然が生み出す，魅力・活力・つながりの場創出――」[8] が認定されている。

同計画書（羽咋市［2016］）によれば，多分に漏れず羽咋市においても若者の農業離れや農家の高齢化と後継者不足による耕作放棄地の増加問題を取り上げている。図表9－1から，後継者問題の深刻さの度合が読み取れる。

図表9－1　総農家数の推移

指標＼年次	昭和60年	平成2年	平成7年	平成12年	平成17年	平成22年
総農家数（戸）	2,250	1,871	1,597	1,222	1,007	762

（出所）羽咋市［2016］

同計画書では，観光，農業，害獣被害，転入者増加の4つの分野について目標を定めている。

図表9－2　地域再生計画書の目標

目標1）市内観光施設への観光入込客数及び宿泊観光客数の増加
観光入込客数　2,158,695人（平成26年度）➡3,000,000人（平成31年度） 宿泊観光客数　134,652人（平成26年度）➡150,000人（平成31年度）
目標2）基幹農産物（米）の作付面積，収穫量及び認定農業者数の増加
米の作付面積　1,810ha（平成26年度）➡1,860ha（平成31年度） 収穫量　9,210t（平成26年度）➡9,300t（平成31年度） 認定農業者数　135人（平成26年度）➡200人（平成31年度）
目標3）害獣（イノシシ）による農業被害額の抑制及び害獣商品売上額
農業被害額　3,635千円（平成26年度）➡1,500千円（平成31年度） 害獣商品売上額　0千円（平成26年度）➡30,000千円（平成31年度）
目標4）転入者数の増加
転入者数　481人（平成26年度）➡681人（平成31年度）

図表9-2からうかがうように，計画書では目標3の害獣被害が自然栽培と直接の結びつきは考えられないものの，全体的に農業を地域再生計画の基幹産業に据えているものととられる。特に，「のと里山羽咋自然栽培『聖地』化プロジェクト事業」として具体的な事業の取り組みが示されており，「肥料や農薬，除草剤を一切使わない自然栽培農業を普及させ，農業の成長産業化を目指すために，羽咋市へ移住してきた新規就農者に対する支援として，農機や重機を貸し出すほか，集出荷及び加工施設（食品乾燥や製粉）を整備する（羽咋市［2016］，p.10)」ものと明示している。

第2節　JAはくいの取り組み[9]

1　「のと里山自然栽培部会」

　2015（平成27）年3月に，自然栽培実践者が生産から販売までを共に取り組む体制づくりとして「のと里山自然栽培部会」が組織されている。部会はJA羽咋管内（羽咋市・宝達志水町）で自然栽培を実践する10名で構成され，このうち米と野菜は6：4の割合になっている。
　平成26年の栽培規模は，米1.7ヘクタールで約3トンの生産量，野菜70アールで約1トンの生産量となっており，販売実績は米で約300万円，野菜が約150万円となっている。部会員の割合と販売高から一人あたりの販売高平均を求めれば，米が50万円／人，野菜が37.5万円／人に換算され，現段階では自然栽培専業で生計が成り立つとは考えられない。しかし，米の単価は通常流通価格の約2倍の（700円／Kg）にもかかわらず完売状況にある。加えて，部会結成の2015年（平成27）年11月には，高崎市（群馬県）のスーパーに自然栽培米が出荷され，JAはくいが管内初となる自然栽培米の県外スーパーでの販売を機に関東販売用の米袋を新たにデザインするなど，後方支援も怠らない。
　同部会では，2013（平成28）年の自然栽培米の作付けを約6倍の10ヘクタールに増やす目標を掲げており[10]，関東の店頭販売が販路拡大のきっかけにな

第9章 「自然栽培」に期待される農業発の地域イノベーション

ると躍起になっている。これ以前にJAでは，県外の個人客を中心に関東と九州の米穀店3店舗で自然栽培米を販売していたが，同部会が自然栽培イベントで知り合った川越市（埼玉県）の米穀店から高崎市の食品スーパーの紹介を受けて，同米穀店を介して高崎市内のスーパーの店頭に米が並ぶことになった。販売は，5キロ入り袋の販売が中心となり，初回の出荷分として90キロを出荷し，店頭の反応を見て今後の出荷量を決める。JAでは，「業界では（同米穀店と同スーパーは）こだわりの品を扱うことで知られており，価値が認められた」と分析している[11]。

2 「のと里山農業塾」

　JAはくいの自然栽培の営農指導の拠点は「のと里山農業塾」である。同塾は，2011（平成23）年に当該農法の祖である木村秋則氏を講師に招聘して始まった「自然栽培実践塾」をルーツとして，順次講座内容を見直しながら発展的に現在の塾名にいたっている[12]。塾名の改名にあたり，「自然栽培」というワードが一般化してしまったために紛らわしくなる傾向にあり[13]，文字面の誤用を避けたいとの理由があるという[14]。

　塾は，JAはくいと羽咋市が共同主催し宝達志水町が後援する運営形態になっている。講座は，「はじめよう農活　ひろげよう農友」をスローガンに，「エコ栽培コース」「自然栽培米コース」「自然栽培野菜コース」が用意されている。このうちエコ栽培コースは化学肥料や農薬を3割低減した栽培を指導しており，同塾では「無農薬・無施肥」ありきを求めているわけではなく，現実に即した配慮が施された内容になっている。

　なお，受講対象は同JA管内の羽咋市および宝達志水町の在住者としているが，当地で就農の意向がある者にも門戸を開きIターン・Uターンなどの定住促進に一役買う内容になっている。受講に際しては，JAはくいから圃場も用意されており，家庭菜園から本格的に出荷を目指す者まで幅広く受け入れ，12月に開講し翌年11月まで概ね年間12回から15回の受講をもって修了する。

　図表9－3から，開塾当初は管外からの受講者が多くを占めていたが，直近

2回では管内受講者が増加している様子がうかがえる。

この点は，管内の興味関心度合を示していると考えられ，JAおよび羽咋市の取り組みの成果が数字にあらわれているとの見方もできよう。

図表9－3　のと里山農業塾のテーマと参加者数

開講年 (平成)	テーマ	受　講　者（人）			
		計	（管　内）	（県　内）	（県　外）
23年	水稲	約100	(20)	(40)	(40)
24年	野菜	約100	(20)	(40)	(40)
25年	果樹	30	(5)	(8)	(17)
26年	水稲・野菜	71	(59)	(9)	(3)
27年	水稲・野菜	60	(38)	(9)	(13)

受講者管内：羽咋市・宝達志水町，23年・24年は「自然栽培実践塾」。
（出所）　JAはくい提供「のと里山農業塾」説明資料。

3　JAはくいと羽咋市の連携協定

2015（平成27）年11月2日，羽咋市とJAはくいは，「農業振興に関する協定」を締結した。協定の主目的は，「羽咋市の自然栽培農業の聖地化を目指し，相互に連携・協力して取り組むこと」と掲げられている[15]。

連携項目には「農地・農業者の確保と斡旋に関すること」「JAアグリはくいが自然栽培の自然栽培農業に取り組むこと」「のと里山農業塾の運営に関すること」「自然栽培農業の営農技術指導・農機貸出に関すること」「自然栽培農業の6次産業課（農産物の生産加工）に関すること」「情報発信とアンテナショップなど販路開拓に関すること」「道の駅の運営に関すること」「農産物の獣害対策に関すること」が掲げられており，先に見た羽咋市の「地域再生計画書」で示された4つの目標すべてと協定が一致しているのである（図表9－4参照）。

周知のとおり，農業従事者の高齢化と後継者不足は全国の市町村共通して抱える深刻な問題であり，新規就農支援や定住促進などの施策は例外なく実施されている。たしかに，新規就農者の呼び込みを期した一定期間の生活支援金の

第9章 「自然栽培」に期待される農業発の地域イノベーション

補助や空き家リフォームにかかる助成などは目新しいものではない。

しかし，当該連携協定では新規就農者総合支援として1世帯に1年あたり150万円支給するほか，自然栽培を始めるにあたり自然栽培就農支援加算金として年間15万円を上乗せし，さらに1㎡あたり20円の作付補助など手厚い内容になっている。作付補助については，新規就農時のみならず，のと里山農業塾の卒業生をも対象にしており販路拡大支援もあわせて，一時的な呼び込みを目的とした弥縫策ではなく，入口から出口までのケアに配慮したところが他の類似した施策とは一線を画している。

図表9-4 羽咋市とJAはくいの連携協定項目

協定項目		主となる取組内容	
		羽咋市	JAはくい
1 農地・農業者の確保および斡旋に関すること	(1) 空き農地の確保及び農業者への斡旋並びに自然栽培農業者確保，情報共有に関すること	① 遊休農地，耕作放棄地の掌握 ② 開墾，整備の重機等の借上 ③ 新規就農者の拡大（目標50人／H31） ④ 自然栽培部会員の拡大（目標100人／H31） ⑤ 耕作面積（目標100ha／H31）	
	(2) 新規就農者等の住居に関すること	① シェアハウス（一時滞在モデルハウス等）借上 ② 家賃助成 　上限2万円／月 ③ 空き家リフォーム助成 　50万円／件（地域づくり制度）	① 就農者への制度周知
	(3) 新規就農者等の生活支援に関すること	① 新規就農者総合支援 　150万円／年／1世帯（1人） ② 自然栽培就農支援加算金15万円／年／1世帯（1人）	① 就農者への制度周知
2 JAアグリはくいが自然栽培に取組むこと	(1) 自然栽培米等の作付けに関すること	自然栽培作付補助 20円／㎡	① 自然栽培米の作付け（目標10ha／H31）
	(2) のと里山農業塾の活用に関す	① 移住研修生等の就農支援	① 研修生の受入 ② 農の雇用事業等

				の活用120万人／年, 人（2年間）
3 のと里山農業塾の運営に関すること	(1) 新規就農者の受講受入に関すること	① 塾に対する負担金 30万円／年	① 受講者の拡大 ② 活動の情報発信
	(2) 塾卒業生の支援に関すること	① 自然栽培作付補助（再掲）20円／㎡ ② 農産物等の販売支援	① 塾卒業生を活用した農産物等の出荷支援
4 支援栽培農業の営農技術指導・農機貸出に関すること	(1) 実践的な営農指導に関すること	① 指導者の報酬補助	① 就農者の自立に向けた営農計画の助言, 指導
	(2) 市が購入予定の農機の保管整備に関すること	① 農機具を農業塾に貸与	① 農機具の保管, 点検, 整備, 貸出 ② 機械技術の指導
	(3) 不足する農機の貸出に関すること	① 農機具の借上支援	① 中古農機具の斡旋, 販売, レンタル
	(4) 認証制度の施行, 検証及びロゴマークの作成に関すること	① 先進地事例調査 ② 栽培技術の確立 ③ 認証作成, 管理 ④ 生産者への周知。指導	
	(5) ブランド化に向けたGLOBA-LGAPに関すること	① 取得に向けた調査, 研究	
5 自然栽培農業の6次産業化（農産物の生産加工に関すること）	(1) 市が整備予定の農産物加工所と付属備品の管理に関すること	① プレハブ建物2棟建設 ② 加工機械購入 ※ 農村公園内を予定	①維持管理
	(2) 施設の運営, 活用に関すること	① 加工施設の運営	
	(3) 加工品の商品企画, 商品化に関すること	① 商品開発等の調査 ② 商品開発の支援	

6 情報発信とアンテナショップ等販路開拓に関すること	(1) 販路拡大調査と情報共有に関すること	① アンテナショップ設置 ② 市観光情報発信 ③ 市場調査 ④ 農協，就農者情報発信	
	(2) 普及啓発イベント及び体験ツアーに関すること	① イベント，体験ツアー等の実施	
7 道の駅の運営に関すること	(1) 道の駅の出資に関すること	① 管理運営法人の設立	① 法人設立準備会の参画 ② 出資の協力
	(2) 道の駅を販路として農産物を提供すること	① 農産物等の調整と販売システムの確立 ② 農産物，加工品の出品	
8 農産物の獣害対策に関すること	(1) 農産物被害の防止に関すること	① 羽咋郡市協議会の調整 ② 獣害対策の補助 ③ 獣害研修会の実施	① 耕作者への指導 ② 獣害対策の補助 ③ 獣害研修会の実施
	(2) 害獣のジビエ活用に関すること	① 処理施設の設置，運営 ② 広域連携の個体確保 ③ 特産品開発	① 農産物販売先でのPR ② 特産品開発

4 キーワードは「仲間」

　JAはくいと羽咋市の連携項目の中で，新規就農支援策のうち「シェアハウスの借上」が盛り込まれているところに注目したい。

　JAはくいシェアハウスの目的は，自然栽培を通して仲間との人間関係構築にある（粟木［interview］）。未だ市民権を得るには至っていないと思われる自然栽培実践者の悩みは「（自然栽培が）浮いているため仲間いない」ことにあるという（同上）。当然，地域の理解も乏しいため定住促進に直接結びつかない。ひとつは，地域からの支援も必要であり移住者との距離を縮めるための方策であるという。

　さらに，意を決して定住を決意したものの，空き家をリフォームするには水

回りなど多額の改修費用を要し,行政の助成金だけでは到底足りるものではなく,こうした費用負担が若年就農者を呼び込むための弊害になる。この弱点を補うため,若い農家が集まり学び交流できるための仕掛けづくりがシェアハウスである(同上)。このことは,同市の自然栽培の指導者である木村秋則氏が唱える「仲間」の継承に通じる。「はくいにはもう仲間がいる」,こうした受け入れ易い雰囲気を醸成させるシステムは戦略的である。

5 岐路に立つ農協経営

自然栽培は,従来型の農協経営と相反する農法である。なぜなら,農薬,肥料を使わない自然栽培は農協の基幹事業である経済事業にカニバリゼーション(共食い)を引き起こすからである。

農林水産省［2009］は,今日社会の農協経営は全国的に信用事業と共済事業が柱になっており,経済事業の赤字構造を指摘している[16]。自然栽培の推進は,経済事業をより圧迫するととらえるのが一般的であろう。改めるまでもなく,系統金融機関の総預り残高は都市銀行のそれを凌駕し,おなじく共済残高にしても然り,農協金融が日本の金融の屋台骨の役割を担っているのは衆目の一致するところである。

JAはくいのディスクロージャー誌(平成26年度)によれば,信用事業と共済事業合わせて250,281千円の税引き前利益を計上し,農業関連事業の損失を補う形になっており,同JAも金融事業に依存する経営体質は例外ではなく,経営の飽和状態が懸念されているという(粟木[interview])。しかし,農林水産省［2009］は,組合の規模と事業収益の関係について「組合の規模(総組合員数)と事業ごとの収益の関係を見ると,①共済・信用事業では組合の規模が大きいほど利益が大きくなる傾向があるが,②経済事業では規模と利益の間にさほど相関がない(p.7)」と示唆に富む調査を報告している。

一見して,自然栽培は経済事業を圧迫するようにとらえられるが,あえて経済事業に目を向けた取り組みは極めて質の高い決断である。

第9章 「自然栽培」に期待される農業発の地域イノベーション

第3節 SNSにおける「自然栽培」の評価分析

　「自然栽培」という語彙そのものが簡便性と即時性の高い「Twitter」の中でどのように見られているのか，同サービスの投稿に着目して，形態素解析のひとつの手法である共起ネットワーク解析を用いて議論の端緒を開きたい[17]。

　解析の基本データとして，集計期間を2010年1月1日から2015年12月31日までとし，検索キーワード「自然栽培」に「羽咋」または「はくい」を含む投稿を抽出した[18]。

　以下に基本統計量とともに，JAはくいおよび羽咋市の自然栽培への取り組みが始まった2010年から2015年まで年を追ってネットワーク図と比較しながら観察しよう。

図表9-5　基本統計量

	2010年	2011年	2012年	2013年	2014年	2015年
投　稿　数	8	53	25	19	12	29
データベース						
総抽出語数	339	2,792	1,230	980	613	1,473
（使用）	152	126	524	419	243	627
異なり語数	181	688	468	348	248	497
（使用）	112	495	327	232	164	337
文	21	126	57	39	24	75
段落	8	53	25	19	11	29
共起ネットワーク						
node最小出現数	2	3	2	2	2	3
N：node数	9	49	51	28	26	3
E：edge（線数）	29	65	79	71	66	63
D：density（密度）[19]	.806	.055	.062	.188	.203	.112

※　URLのみクリーニングは施していない。

図表9-5から，年次と投稿数の関係（$\chi^2 = 53.07$, $df = 5$, $p < .01$）は1％水準で有意差が認められる。つまり，年ごとの投稿数に大きく偏りがあり，抽出条件のキーワードでは常時投稿されていないものと推定される[20]。

　図表9-5は，ネットワーク図（図表9-6，図表9-9，図表9-11，図表9-13，図表9-15）各々のノードとエッジのかたまりから事象を取捨して整理したものである。

図表9-6　可視化図　－　2010年

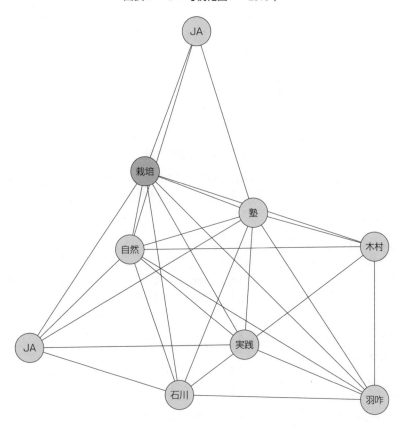

第9章 「自然栽培」に期待される農業発の地域イノベーション

図表9-7　可視化図 － 2011年

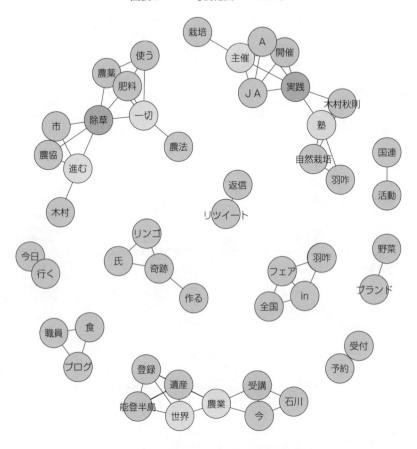

図表9-8　2011年　主要共起形成品詞別抽出語（上位5）

名　　詞		サ変名詞		固有名詞		組織名		地　名	
農業	16	実践	13	羽咋	6	ＪＡ	14	羽咋	38
農薬	14	除草	8	能登半島	4	国連	6	石川	12
肥料	14	主催	7			日本農業新聞	2	米	9
フェア	11	開催	6					神子原	4
全国	11	受講	4					日本	3

177

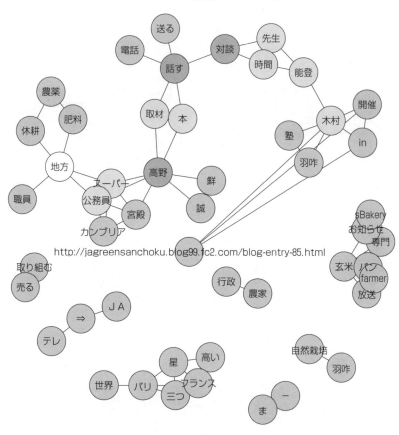

図表9-9 可視化図 - 2012年

図表9-10 2012年 主要共起形成品詞別抽出語(上位5)

名　詞		サ変名詞		固有名詞		組織名		地　名	
農薬	6	実践	3	羽咋	7	ＪＡ	2	羽咋	13
パン	4	お知らせ	2	能登半島	1	角川書店	1	米	8
宮殿	4	開催	2			東大	1	石川	4
農家	4	休耕	2			日大	1	パリ	3
メロン	3	取材	2			明治大学	1	フランス	2

第9章 「自然栽培」に期待される農業発の地域イノベーション

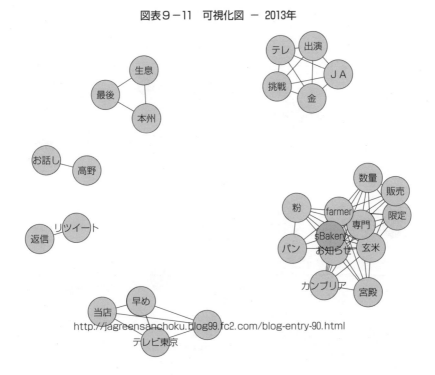

図表9-11　可視化図 － 2013年

図表9-12　2013年　主要共起形成品詞別抽出語（上位5）

名　詞		サ変名詞		固有名詞		組 織 名		地　名	
パン	11	お知らせ	5	羽昨	2	ＪＡ	2	米	9
玄米	5	限定	4	ローマ法王	1	テレビ東京	2	羽昨	6
専門	5	販売	4	鳥帽子	1			石川	5
農薬	5	放送	3	邑知潟	1			本州	2
宮殿	4	お話し	2					佐渡	1

図表9-13 可視化図 - 2014年

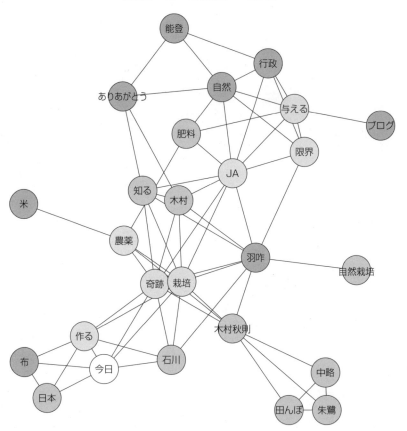

図表9-14 2014年 主要共起形成品詞別抽出語（上位5）

名　　詞		サ変名詞		固有名詞		組 織 名		地　　名	
田んぼ	3	中略	3	コシヒカリ	1	ＪＡ	1	羽咋	8
農薬	3	栽培	2	羽咋	1			米	6
肥料	3	移住	1	氷見	1			石川	2
奇跡	2	開催	1					日本	2
限界	2	感銘	1					東北	1

第9章 「自然栽培」に期待される農業発の地域イノベーション

図表9-15 可視化図 － 2015年

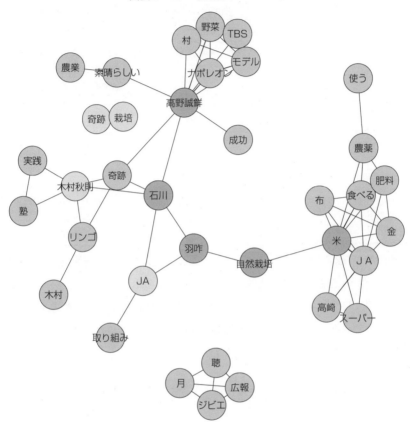

図表9-16 2015年 主要共起形成品詞別抽出語（上位5）

名　　詞		サ変名詞		固有名詞		組織名		地名	
農薬	9	広報	5	羽咋	3	ＪＡ	8	羽咋	17
リンゴ	5	実践	3	ローマ法王	1	バロー	1	米	11
肥料	5	成功	3	創	1	自民党	1	石川	8
スーパー	4	日帰り	3	能登半島	1	北國新聞社	1	高崎	3
奇跡	4	ターン	2					ニッポン	1

図表9-17　年度別の事象整理

年　度	関連語	抽出語（共起）	連想連結語
2010	栽培	栽培，塾，実践（.222)	自然栽培実践塾
2011	除草，実践，農業	自然栽培，羽咋，肥料，農薬	自然栽培実践塾 世界農業遺産 全国フェアin羽咋
2012	高野，話す	スーパー，公務員，話す 対談	カンブリア宮殿 パリ三つ星
2013	sBakery	JA	金テレ主演
2014	羽咋，JA，木村秋則	JA，栽培，奇跡	―
2015	自然栽培	石川，羽咋，市，米，JA，高野誠鮮，ナポレオン，木村秋則	奇跡のリンゴ ナポレオンの村 高崎スーパー

　2010年から2015年までのネットワーク図と主要共起形成品詞抽出語を照らし合わせながら連想連結語を比較すれば，Twitterのネットワークという制約のもとでの「自然栽培 AND（羽咋ORはくい）」を条件に抽出された動きを確認することができる。ただし，基本統計量でみるように，きわめて投稿数が少ないため，この関連図を以てすべてを断定するわけではないことに留意が必要である。

　2010年は，羽咋の自然栽培元年に相当するためか，投稿数も8件と少なく出現語も限られたものになっている。一転して，翌年の2011年は調査の6年間で最も投稿数が多く出現語も多岐にわたる。また，語の連結も簡潔で「自然栽培実践塾」「全国フェアin羽咋」「世界農業遺産」などこの年の動向がわかりやすいところに特徴が見出せる。続く2012年は，より語間の関連が鮮明になっており，「パリ三つ星レストラン」「スーパー公務員」「カンブリア宮殿」などマスコミに関連する連結語が連想され，対外活動が活発になされたものと推測される。ところが，2013年は前2年と対照的で語数や関連する語が「金テレ出演」にとどまる程度で活動の一服感が見受けられる。

　しかし，2014年には再び活発化の様相のあらわれか，「羽咋」「木村秋則」を

中心にnode（語）とnode間を複数のedge（線）で結ばれており，連結語にばらつきがない様子となってあらわれている。特に，「JA」を中心として「栽培」「奇跡」が関連付けられ，「羽咋」と「木村秋則」が外堀で強く関連づいている点が特徴的である。さらに，2015年のネットワーク図はより色合いが鮮明に描かれたものになっている。ここで注視すべきは，「自然栽培」を中心として「米」と「羽咋」の群に関連付けられ，「米」が「JA」「市」のグループ，「羽咋」が「石川」から「木村秋則」のグループと「高野誠鮮」のグループに関連づいて派生しているところである。あくまで，主観が混在することが否めない定性的な推定に過ぎないものの，概してJAと農法開発者および行政などの役割と活動の成果がここに表れているものとみてあながち見当はずれではなかろう。

第4節　連携の本質と地域イノベーション創出の期待

　JAはくいと羽咋市の連携協定の調印式の席上，「今後，世界的な人口問題を背景とし，食料問題に対する対応がせまられることになります。TPP（環太平洋連携協定）の概略も決まり，国際的な視野の中で農業がどうあるべきか問われることにもなります。また，市の地方創生を推し進めるためにも，自然栽培は大きな目玉であり，最重点政策の一つと考えています。これらの課題に対し，はくい農業協同組合の皆さんと連携して考え，成し遂げていきたい（羽咋市市長　山辺芳宣氏）」とのあいさつを受けて，「農業に対し，市がこれほど尽くしてくれているのは本当にありがたい。私たちも農家の生産力や収入の向上などに全力を注ぎたいと思っており，互いに目指すべきものが一致したと考えています。全力で協力したい（羽咋農業協同組合　組合長　中村清長氏）」とコメントを返している。
　この連携の中心に位置するものは「自然栽培」にほかならならず，自然栽培を欠いては羽咋市の地域再生計画が成り立たない構図である。しかるに，全国

でも例なき極めて稀有な連携協定がここにあるといえよう。まさに，自治体とJAとの連携の域を超越した把手共行ともいえる英断である。

　また，一見してJAはくいの方策はTPP歓迎に誤解釈される節があるが，単純に関税が撤廃される国内農業の保護政策緩和により農業経営が危機に瀕しているなどと声を高めているわけではない。また，自然栽培に単なる差別化の優位を論じているわけでもない。国内の農業を危惧する姿勢はもとより承知だが，規模の経済性を相手に立ち向かう必然性がなく，新たなニーズの発見と安全安心というグローバルスタンダードに照準を合わせた生産体制と販路拡大に努めている姿勢に留意が必要である。

　本章では，多くの論点を課題として残している。また，イノベーションを「革新」という訳語だけでとらえてはいない。自然栽培を志すイノベーターやアントレプレナーが羽咋に集まり，その雰囲気を醸成する演出家が存在し，既成の枠にとらわれない政策を英断するリーダーがそこに存在する。これこそが，イノベーションであり，これまでとはタイプの異なる破壊的イノベーション（dis-ruptive Innovation）がここに潜在しているのかもかもしれない。この観点からは，地域イノベーション創出の一歩を踏み出したに過ぎない。この取り組みが，羽咋発の地域イノベーション，ひいては世界に冠たる日本発の農業イノベーションとして結実することを祈念したい。

〔注〕
1) 配給：東宝。原作：NHK「プロフェッショナル　仕事の流儀」制作班監修, 2013, 石川［2011］を参照。
2) Food and Agriculture Organization.
3) 2013（平成25）年5月に七尾市で開催されたFAO「世界農業遺産国際会議」において宝達志水町がGHIASに追加加入した。同年現在で能登地域GIAHS推進協議会は，能登地域4市5町で構成されている。
4) 世界農業遺産（Globally Important Agricultural Heritage Systems（GIAHS）：ジアス）は，2002年（平成14年），食料の安定確保を目指す国際組織「国際連合食糧農業機関」（FAO, 本部：イタリア・ローマ）によって開始されたプロジェクト。近代農業の行き過ぎた生産性偏重が，世界各地で森林破壊や水質汚染等の環境問題を引き起こし，地域固有の文化や景観，生物多様性などの消失を招いていることなどを

第 9 章　「自然栽培」に期待される農業発の地域イノベーション

理由に創設された。世界農業遺産の目的は，近代化の中で失われつつあるその土地の環境を生かした伝統的な農業・農法，生物多様性が守られた土地利用，農村文化・農村景観などを「地域システム」として一体的に維持保全し，次世代へ継承することとされている。国際連合教育科学文化機関（UNESCO（ユネスコ））が推進する世界遺産が，遺跡や歴史的建造物，自然など「不動産」を登録し保護することを目的としているのに対して，世界農業遺産は，地域のシステムを認定することで保全につなげていくことを目指している。
「トキと共生する佐渡の里山」（新潟県佐渡市）と同時に認定された。
石川県Webサイト「能登の里山里海」を参照。
http://www.pref.ishikawa.jp/satoyama/noto-giahs/giahs.html
最終閲覧日：2016年3月13日。
5)　認定当時は，七尾市，輪島市，珠洲市，羽咋市，志賀町，能登町，穴水町，中能登町の4市4町だったが，2013年5月に宝達志水町が追加認定された。
6)　「世界農業遺産の認定を活用した「能登の里山里海」を未来へ引き継ぐ取組を推進するため，石川県，七尾市，輪島市，珠洲市，羽咋市，志賀町，宝達志水町，中能登町，穴水町，能登町及び農林漁業・商工・観光団体からなる，「能登の里山里海」世界農業遺産活用実行委員会が発足した。」「能登の里山里海」世界農業遺産活用実行委員会Webサイトを参照。
http://www.pref.ishikawa.jp/satoyama/noto-giahs/toiawase.html
最終閲覧日：2016年3月13日。
7)　JAグループ石川Webサイト「石川の農業事情」
（http://www.chu.is-ja.jp/agriinfo/）
最終閲覧日：2016年3月13日。
8)　羽咋市［2016］「地域再生計画（第35回認定）」平成28年1月20日。
　地域再生制度：地域経済の活性化，地域における雇用機会の創出その他の地域の活力の再生を総合的かつ効果的に推進するため，地域が行う自主的かつ自立的な取組を国が支援するもの。地方公共団体は，地域再生計画を作成し，内閣総理大臣の認定を受けることで，当該地域再生計画に記載した事業の実施に当たり，財政，金融等の支援措置を活用することができる。
官邸Webサイト（https://www.kantei.go.jp/jp/singi/tiiki/tiikisaisei/dai35nintei／siryou1.pdf）
最終閲覧日：2016年3月13日。
9)　本節で扱う数値は，別段の引用ないしことわりがない限り，JA羽咋の「能登里山農業塾」募集に際して説明資料として公表しているものを用いる。
10)　「今月，市とJAが自然栽培の推進など農業振興の協定を結んだことを受け，同部会は来年に自然栽培米の作付面積を約10ヘクタールに広げる目標を決め，販路拡大を探っていた。」北國新聞社Webサイト（2015年11月21日配信　http://www.hokkoku.co.jp/subpage/H20151121103.htm）
最終閲覧日：2016年3月13日。

11) 北國新聞,同上Webサイト
最終閲覧日：2016年3月13日。
12) 本章の冒頭でふれたように,「自然栽培」は『奇跡のリンゴ』で耳目を集める木村秋則氏が開発・開発した農法であり,JAはくいの推進する「自然栽培」は「木村秋則式」農法を指す。

　また,木村氏を招聘するにあたり,「（同市菅池地区の）限界集落からの脱却」「神子原米のブランド化（ローマ法王にコメを食べさせた男）」など「スーパー公務員」の名を馳せる羽咋市役所職員の高野誠鮮氏の尽力がある。本章においては,議論を簡潔にするため木村氏と高野氏にまつわる活躍に関する詳述は割愛する。高野［2012］,新潟経営大学地域活性化研究所［2015］に詳しい。また,石川［2015］が神子原米のブランド化成功をマーケティングの観点から論考している。
13) 本章の執筆にあたり,JA羽咋農業協同組合（JAはくい）営農部農業振興課長粟木政明氏に取材協力を頂戴した。以後,JAはくいの取り組みに関しては,氏とのインタビューが拠り所である。以下,「粟木［interview］」とする。
14) 木村氏の農法は,自然農法の創始者である福岡正信氏の農法を原点とする。さらにその源流は,昭和10年の岡田茂吉氏をたどり,さらには最近では「流派」が分かれるなど,ここにいう自然栽培とは異なる農法を指す場合があるなど紛らわしくなっているという。JAはくいが推進する自然栽培は,「木村式自然栽培」を指す。
15) 羽咋市Webサイト「はくい農業協同組合と農業振興に関する協定締結（平成27年度）」(http://www.city.hakui.lg.jp/sypher/www/info/detail.jsp?id=6816)
最終閲覧日：2016年3月13日。
16) 農協職員は,ピーク時の平成4年度の30万人台から,平成19年度では23万人台に減少しており,事業別では購買担当者が大きく減少する反面,共済事業担当が着実に増加していると報告されている（農林水産省［2009］,p.4）。
17) 形態素解析には,「KH Coder」を用いた。KH Coderは,立命館大学産業社会学部の樋口耕一先生が開発し,処理内容をすべて公開するフリー・ソフトウェアである。2001年に公開され,2013年9月現在で500点を数える論文および学会発表の実績がある。（樋口［2014］,まえがき）形態素解析システム「茶筌（IPADIC）」は,フリー・ソフトウェアとして奈良先端科学技術大学院大学・松本研究室から公開されている言語処理のためのシステムである。浅原・松本［2003］を参照。
18) クリーニング前処理プログラムに,「自然栽培 AND "羽咋 OR はくい"」の抽出条件を付加した。
19) ここにいう D (density：密度) は,「実際に描かれている共起関係の数を,存在しうる共起関係（edge）の数で除したもの（樋口［2014］,p.158）」であるよって,数値大きいほど描き切れない共起関係が多く存在すると考えられる。
20) ただし,形態素解析エンジンのデータベースにより抽出された語と投稿数の関係をそれぞれの決定係数に照らして確認すれば,総抽出語数 ($R^2=0.9986$),異なり語数 ($R^2=0.9522$) と極めて強い相関関係を示している。このことから,本章では投稿数と度数の多寡にかかわらず両者間に相関関係があるとの前提で論考をすすめる。

第9章 「自然栽培」に期待される農業発の地域イノベーション

【参考文献】
(1) 浅原正幸・松本裕治「Ipadic version 2.7.0」奈良先端科学技術大学院大学,2003。
(2) 石川敦夫「神子原米の販売戦略」『地域活性化ジャーナル　第21号』新潟経営大学地域活性化研究所,2015,pp.29~40。
(3) 石川拓治「奇跡のリンゴ『絶対不可能』を覆した農家・木村秋則の記録」幻冬舎文庫,2011。
(4) 石田信隆「TPPと日本の経済連携戦略―日本はなぜTPP交渉に参加したのか―」『農林金融』2013年11月号(第66巻第11号),農林中金総合研究所,2013。
(5) 世界農業遺産活用実行委員会『「能登の里山里海」世界農業遺産構成資産調査報告書』2013。
(6) 高野誠鮮『ローマ法王に米を食べさせた男』講談社,2012。
(7) 蔦谷栄一「地域資源活用による農業展開と地域自給圏の創出―政策提言「地域資源活用で中山間農業のイノベーションを!」を踏まえて」『農林金融』2015年10月号(第68巻第10号),農林中金総合研究所,2015。
(8) 新潟経営大学地域活性化研究所[2015]「地域活性化研究所シンポジウム2014「新・地域活性化宣言」~これまでの20年,これからの10年~」『地域活性化ジャーナル第21号』新潟経営大学地域活性化研究所,pp.1~27。
(9) 農林水産省『農協の現状と課題について』2009。
(10) 樋口耕一[2014]『社会調査のための計量テキスト分析―内容分析の継承と発展を目指して―』ナカニシヤ出版。
(11) 室屋有宏「6次産業の現状と課題―地域全体につながる「地域の6次化」の必要性―」。
(12) 『農林金融』2013年5月号(第66巻第5号),農林中金総合研究所,2013。
(13) 「農協法の改正について」『農林金融』2015年10月号(第68巻第10号),農林中金総合研究所,2015文部科学省科学技術政策研究所第3調査研究グループ。
(14) 『地域農業のイノベーション―農業と地域がもっと元気になる88のヒント―』テクネ,2015。

第10章 菜の花の活用による観光資源の創造

第1節　地域ブランド

　地域ブランドについて,『大阪産業経済リサーチセンター』は,「地域で磨かれた商品・サービスが, 一般に知られ, 選好され, 常用されることで, 持続的な地域経済の活性化がなされる取組の総体」として定義している。また同センター（総括研究員北出芳久氏）によれば, 地域ブランドの3要素は, ①商品・サービス, ②観光資源, ③生活の場としての地域であるとしている[1]。

　ブランドについて筆者は次のように定義している。表象の対象に対する消費者の認知・評価の実態として, 感性的品質要素となっている, 競争上差別的な優位性をそれ自体がもつ, equityを有する「ブランド[2]」をいう。

　筆者は, 地域ブランド形成に相乗効果をもたらすサブブランドについて, 次のように定義する。

(1)　産地ブランド：地域の製造業者の団体がそのブランド名を名乗る産品の基準を設けて品質を保証している当該地域産品に対する信頼を得る, 原材料生産に適切な自然環境や技術など地域的条件によって原材料の品質について顧客を納得させる条件がある, あるいは伝統的な技能や生産上の環境などによって, 製品の品質が保証される条件にある, などによってそれが多数の顧客から評価を得て, ブランドとして確立されたものをいう。

(2)　観光ブランド：地域が観光地として（この場合は「製造者である事業体が顧客に対し自己の製品であることを示し」という意味でのブランド所有に関する主体

が不明確であるが）名声を博し，観光にふさわしい地域として，「地域の名称」が観光地としてのブランド力を有する場合をいう。

筆者は，地域ブランドプロジェクトを組み[3]，そのプロジェクトでは，地域ブランドが，①地域産品（サービスを含む）などのモノ，②歴史・文化・伝統などのコトで構成され，その両者が③地域自体のbrandを形成するととらえている。Brandingの実現によって，これらの諸要素が観光資源として形成される。

しかしながら多くの地域では，例えば京都・奈良のような歴史的な観光資源に乏しく[4]，有名な景勝地にも乏しい。そこで，地域ブランドを形成する観光資源を地域産品・地域産業に求め，産業観光として観光化を行う方向で，地域ブランド確立の有効なメディアを検討する必要がある。

産業観光とは，歴史的文化的に価値のある産業文化財（工場遺跡や古い機械器具など），稼働中の生産現場（工場や工房など），そこでの生産物（工業製品や工芸品，民芸品など）などを通して，モノづくりの心や地域の歴史にふれる観光活動[5]であるとされている。

「産業観光」という用語が多用されたのは，2001年「産業観光サミット in 愛知」における「産業観光推進宣言」がその発端である。愛知産業観光ナビ（名古屋商工会議所HP）は次のように書いている[6]。

「産業観光推進宣言」

産業観光とは，歴史的・文化的価値の高い産業文化財を観光資源として位置付け，これを観光客誘致に向けた諸事業を展開することである。

今世紀における観光は，経済成長優先から生活の豊かさへと国民の関心が移行している現状を踏まえ，観光振興は今後ますますその重要性が高まるものと考えられる。

この様な変化に即応した新しい観光の振興を図るため，産業観光を推進することとする。

第2節では，「観光資源」について検討する。また第3節では，「産業観光」について，「経済産業省」などの資料をもとに定義し，種々の類型化・分類，

産業観光の実現方策と意義について概観し,「事業化」さらには「産業化」が不可欠であるという提唱を行う。「事業化」「産業化」なくしてすべてのステークホルダーにとってのモチベーションとならず,維持発展のための経済的条件が保証されず,雇用促進・地域経済発展にむすびつかず,プロモーションも促進されず,地域ブランディングも実現しないからである。

「観光資源」としてのモノは,地域産品,地域産業の施設,景観などであり,歴史・文化・伝統などのコトとしては,文化や地域認知に影響を与えるイベントも含まれる。大阪造幣局の桜「通り抜け」,高田城の桜,権現堂の桜と菜の花,新発田のアヤメのような,「花見」の対象としての創造された景観とそれを誘客する花見イベントは,極めて効果的な地域ブランディングの方法であることが証明されている。

そこで第4節「菜の花を活用した観光資源,菜の花製品,菜の花米」では,菜の花を対象事例として取り上げ,菜の花の栽培と菜の花を原料とした商品(菜種油,油粕の加工肥料)の(富山市)事業事例,菜の花の栽培と花見イベントと鋤き込みによる菜の花米の栽培(鯖江市)事業事例を紹介し,第5節「花見イベントと観光資源の事業化・産業化」では,緑肥として栽培した菜の花を観光資源とした地域ブランディングの可能性を探ることとする。

第2節 観光資源

尾家建生氏によれば「観光資源は観光システムの中で,観光対象を形成する重要な機能を持った構成要素であり,観光客,観光対象,観光事業者とともに,観光理論を構成する主柱となるものである[7]」。すなわち観光対象を形成する構成要素であり観光対象とともに観光理論を構成する主柱であるとするものである。観光対象とは別に観光対象を構成するものとして観光資源を捉えている。また「観光現象の要素となる観光資源[8]」として捉えられている。それに続いて,「観光資源」概念が20世紀後半から21世紀に至って議論され続けてきたこ

と，1930（昭和5）年，鉄道省国際観光局が設置された時，resource for touristsの訳語として使用されたこと，①有益なものの供給，あるいは蓄積，②助けるもの，③余暇を楽しくすること，の意味で使われていることを紹介している[9]。

また同氏は日本語の「観光資源」は，「観光産業のもととなり，観光産業を支えているもの」（大辞林）であると紹介している。また，「観光資源」の概念が，resources：観光客の対象となるものの構成要素（観光資源）とattractions：観光客の対象となるもの（観光対象）を含んでいるとしている[10]。そして，1960年代の観光資源論（西山卯三，津田昇），1974年の観光資源論（鈴木忠義，徳久球雄，山村順次），78年の観光資源論（前田勇，岡本伸之，越塚宗孝），1990年代の観光資源論（足羽洋保，須田寛，河村誠治，香川眞）を紹介している[11]。またresourcesとattractionsについての諸説を紹介し，「観光対象：attractions，観光資源：resourcesとすべきであろう[12]」としている。

森重昌之氏は，「観光現象の基本的な構造，すなわち観光システムは，①観光客，②観光対象（観光地），③媒介機能（観光情報・観光交通），④観光政策・観光行政の4つの要素から成り立っている（岡本2001：14-20）。このうち『観光対象』とは観光客の欲求を喚起したり，充足させたりする目的物のことであり，その素材として『観光資源』が存在する（岡本・越塚1978：42）…。この観光資源の分類については，自然観光資源，文化遺産，複合遺産の3つに分類されている」としている[13]。

しかし各地の観光資源化の努力から，観光資源の創造が現実的な課題であることから，人文資源の概念を豊富化し，観光対象となることを意図した人工物をも含めて捉えたい。さらに自然人文複合資源，文化遺産人文複合資源が考えられる[14]。

現代の人工物としての人文資源は，観光対象となり得る人工的なモノであり，人工的自然資源（樹木草本の栽培，人工的な海岸・河川・池・湖・山など）と造形的・人工的な資源（遊園地，博物館・歴史資料館，ショッピングセンター，レストランなど）などであり，自然人文複合資源は自然資源をattractionとするための

ベンチ，遊歩道，トンネルなどであり，文化遺産人文複合資源は，文化遺産をattractionとするための史跡看板や石碑，文化遺産の周辺の文化遺産を再現した観光施設などである。

また一般に複合（型）資源と表現されている農山漁村も，海外では「○○民俗村」と称して村全体を観光対象とするために，その入口であるということを表現する観光客用のアーチやトーテンポール，門や看板があり，その沿道に休憩施設や店舗，公衆トイレがある場合も多くみられ，そのような意味で人工的な資源との複合が考えられる。

無形資源とされている人情・風俗・民話・行事・国民性・民族性・衣食住・生活・芸術・芸道・芸能・スポーツなどはすべてコトであり，観光資源としては，人文資源としてモノとして表現することで観光対象となり得る。「人情豊かな」という表現は自身の地域を宣伝する場合に多く見られるが接して見なければ分からないので，それを可能にする人口の資源が必要となる。

地域産業を観光化することによって，工場・企業・店舗・技能・技術を産業観光資源（産業的資源）とすることができる。

またすべての観光資源を観光対象とするために，必要な手段的な観光資源を有機的に結合することによって，あるいは広域連携などによって観光コース化して観光対象とすること，また観光対象を産業化するためのビジネスモデルの開発が求められる。この「産業化」こそが観光地化，産業観光化の成果を地域に還元し，またブランド化を実現するために必要な方法であると考えている。

第3節　産業観光の実現方策と意義

政府の「観光立国行動計画〜『住んでよし，訪れてよしの国づくり』戦略行動計画〜」では，「日本の魅力の維持，向上，創造」として，日本の魅力の一つに「産業的な活力と文化的な香りが共存していること」として，産業観光の定義を「産業に関する施設や技術等の資源を用い，地域内外の人々の交流を図

る観光」としている[15]。

「産業観光」について，経済産業省「報告集　産業観光の今後のあり方に関する調査研究」（平成15年度サービス産業構造改革推進調査：平成16年3月）は，次のように述べている。

「最近になって，各地でこれまで観光資源として捉えなかった産業遺産や産業活動をシーズとする『産業観光』が注目されるようになっている。

その背景として，今後日本経済は産業構造の転換が必要となっていることが挙げられる。日本の基幹産業のひとつである観光産業が，日本の新しい経済の牽引役として期待されているのである」。（以下要点のみ：筆者）

「産業の中には知識と知恵が潤沢にストックされている。産業文化財や産業集積を通じて，『ものづくり』の精神や日本文化の結晶である工芸品・工業製品，先進的な技術などにふれることにより，（中略）地域経済を活性化させ，新しい産業の起点ともなり，後継者育成にも大きな効果をもたらすことが期待される。つまり，産業観光の振興は，地域に1）観光活性化，2）産業活性化，3）文化振興，4）国際化，5）まちづくりなど，多面的な波及効果を及ぼすものである」。

「現在，産業観光の範疇に入るものとして，『体験観光（伝統工芸体験，農林漁業体験等）』『ヘリテージツーリズム（産業遺産観光）』，『テクニカルビジット（視察・工場見学）』，『コンベンション（国際会議）』などが考えられる…。過去から未来にいたる産業活動（1次産業から3次産業までを含む）…過去の産業（産業遺産・産業文化財），現在の産業（工場見学・視察，各種体験等），未来の産業（研究所等学術研究機関で科学技術の体験・学習等）というふうに，産業の持つ時間軸により，観光の対象・形態が異なる…。[16]」

同報告書は，産業観光を時間軸に沿って類型化している[17]。ただし各項目の解説は省略した。

① 産業遺産　　② 工場見学　　③ ミュージアム　　④ 伝統工芸
⑤ 先端技術[18]

さらに，同報告書は，活動タイプ別分類を行っている。それは次のようであ

第10章　菜の花の活用による観光資源の創造

る[19]）。すなわち①産業遺産活用型，②地域産業紹介型，③体験学習型，④テクニカルビジット型，⑤総合交流型である。この最後の「総合交流型」について，同資料は次のように説明している。

「このタイプは産業遺産の保存・活用，工場視察，企業活動（テクニカルビジット），さらに周辺の地域観光資源の活用とも結びつけて観光展開していうタイプで，比較的大都市あるいは地方の中心都市等で施策化されようとしているものである。

広島経済同友会地域経済委員会の依頼により，中国電力株式会社エネルギア総合研究所は，広島経済同友会地域経済研究所「2010年度（平成22年度）調査研究レポート『産業観光』振興による広島県経済の活性化方策」（平成23年3月）をまとめている。

同調査研究レポートは，2001年全国産業観光サミット in 愛知・名古屋における産業観光の定義を引用し，「この定義を資源と手法に分けてみると，以下のように整理される」として，枠入りで掲載している。

資　源	…歴史的・文化的価値のある産業文化財（古い機械器具，工場遺構等のいわゆる産業遺産），生産現場（工場，工房，農・漁場等）および産業製品，コンテンツ（ショッピング，体験）
手　法	資源の価値や意味，おもしろさに触れることにより人的交流（見学，視察，体験学習など）を促進…

「産業観光の発展」と題して同調査レポートは，「わが国では1960年代にビール工場等におけるビアホールの併設や工場見学が活発化し，1970年代には陶芸をはじめとした伝統工芸の製作過程見学がブームとなった」としている。枠入りの文章とこの「産業観光の発展」をあえて引用した理由は下記の通りである。

◆技能・技術・活動・動きは重要な要素である

「体験」はそれに類するが，「動き」を観るという意味での資源については，先の製材産業省「報告書」においても，この広島県の「調査研究レポート」においても「体験」以外は記述されていない。それは元の定義から欠落していた

ためであろう。

「工場見学」がなぜ「活発化し」、「ブームに」なるのか。例えばビール工場では、見学者は、ビール瓶がベルトコンベアーに乗せられ、あるいはフックで吊り上げられて「流れて」、洗浄され、ビールが正確に充填され、ラベルが貼られて送られてくる「動き」としての技術を見て感動を覚える。そしてそれを味わうという「行為」でまた感動を覚える。

例えば陶芸工房では、職人の「とびかんな」などの妙技を見学して感動を覚える。箪笥工場では、職人の引出しの鉋かけの後、箪笥に隙間なく収まり他の引き出しが飛び出す「妙技」を見学して感動を覚える。工場や工房の見学では、技術や技能の動きを目で見ることが、大きな魅力になり、「活発化し」、「ブームに」なっている。それは一種のパフォーマンスであり、劇場である。また定義には述べられているが、体験のおもしろさも大きな魅力である。このような人やモノの「動き」は、重要なファクター、「観光資源」といえる。

産業観光には時代の流れ・変化がみられる。

次の図表10-1は、2015～2016年、「TripAdvisor Gallery」が旅行者のクチコミをもとにランキングを行ったもので、ゴチック体はすべてミュージアムであり、「工場」ではない。「工場」または「工場見学」を伴う部分のみをランキングしてバンキンシャ「人気の工場ランキング」(2010年6月20日)、www.ntv.co.jp (2016年4月9日現在) と比較することで、「人気」に一定の変化の傾向が伺える。①図表中にある「ニッカウヰスキー[20]」や「こんにゃくパーク」の様に、NHK朝の「連ドラ」としてのドラマ化と上映により関心を集めた企業や場所が、上映後のクチコミではいきなり上位に出ていること、「こんにゃくゼリー」のように健康ブームで有名になったもの、記念館、博物館（赤字）など工場の歴史や工程を見学用に「圧縮」した施設が人気であること（「工場」のみを取り上げた図表とは比較できないが）、加えて単に工場見学ではなく無料体験施設を設けたところに人気があることである。

「いってよかった」という基準によるランキングは旅行業者のマーケティングの対象・指標となる旅行者のクチコミであり、顧客の心理や人気を掴むうえ

第10章　菜の花の活用による観光資源の創造

での資料であり，人気度「いってよかった」対象をメニューに組むことで，旅行業としての「事業」を成功させることが可能となる。

しかし，「工場」にとっては，それを「事業化」することは困難であろう。

図表10−1　いってよかった！工場見学＆社会見学ランキング2015

順位	企　業　名	施　　設　　名	所　在　地	集客数
1位	トヨタ	トヨタ産業技術記念館	愛知県名古屋市	以下未確認
2位	ニッカ	ニッカウヰスキー余市蒸留所	北海道余市市	
3位	サントリー	白州蒸留所	山梨県北杜市	
4位	JR	鉄道博物館	埼玉県さいたま市	
5位	JAL	Sky　museum	東京都大田区	
6位	日清食品	インスタントラーメン発明記念館	大阪府池田市	
7位	サントリー	山崎蒸留所	大阪府島本町	
8位	キリンビール	横浜ビアビレッジ	神奈川県横浜市	
9位	JR	リニア鉄道館	愛知県名古屋市	
10位	オリオンビール	オリオンハッピーパーク	沖縄県名護市	
11位	スズキ	スズキ歴史館	静岡県浜松市	
12位	ニッカ	ニッカウヰスキー仙台工場宮城狭蒸留所	宮城県仙台市	
13位	川崎重工	カワサキワールド	兵庫県神戸市	
14位	日清食品	カップヌードルミュージアム	神奈川県横浜市	
15位	トヨタ	トヨタ博物館	愛知県長久手市	
16位	三菱	三菱みなとみらい技術館	神奈川県横浜市	
17位	ヨコオ	こんにゃくパーク	群馬県甘楽町	
18位	アサヒビール	北海道工場	北海道札幌市	
19位	月桂冠	大倉記念館	京都府京都市	
20位	サッポロビール	サッポロビール博物館	北海道札幌市	

（出所）　TripAdvisor Gallery:http://tg.tripadvisor.jp/news/ranking/factorytours_2015/
　　　　（2016年3月28日現在）

しかし，㈳日本観光協会は，「産業観光」・「工場見学」の「事業化」に関し

て，興味深いデータを発表している[21]。「施設公開に要する費用以上の収入を得ている」事業所が全体の1割強存在するということである。この大半が「自社製品の販売」「土産物，見学記念グッズ等の販売」である。これは，手持ちで持ち帰る製品，土産物，見学記念グッズでその効果を発揮するようである。観光資源化とともに「事業化」が，今後の産業観光にとって重要である。今後，「産業観光化」と「事業化」，「ビジネスモデルの創出により観光資源を活用した事業化」について，研究を継続していく。この事業化が，「新商品・新サービスの創造」，地域産業自体の発展，雇用の創出，地域ブランドの普及・強化・拡大につながると考えられるからである。

筆者が考える「事業化」は直接的に事業収益を得るという意味での「事業化」であるが，次の資料では，企業にとっての産業観光の意義，地域・地方自治体にとっての産業観光の意義，来訪者にとっての産業観光の意義を分類して列挙している。

独立行政法人　中小企業基盤整備機構　経営支援情報センターは，「産業観光の意義と特性」について，「企業」の立場，地域・地方自治体の立場，来訪者の立場に分けて列挙している[22]。ただし解説に関する記述を一部割愛し，具体化するために必要な範囲で「：『解説』」というかたちで抽出した。しかし下記と同様の記述を経済産業省『産業観光ガイドライン』（平成19年）が独立行政法人　中小企業基盤整備機構より先に行っているので，若干の表現やnuanceの違いを示すため〔　　〕内に引用した[23]。

① 企業にとっての産業観光の意義
　(a) 自社開発製品などについて消費者の声を直接聞ける〔①消費者の声を直接聞くことができる〕
　(b) 企業や製品のPR[24]：「企業とその製品の印象を来訪者に強く与える」〔②企業や製品のPRにつながる〕
　(c) 消費者の信頼感の醸成：「製造現場を消費者に公開することは，製品製造に対する企業の取り組み姿勢や製品安全性のPRにつながり・・」〔③消費者の信頼感を醸成することができる〕

(d) 新たな顧客の開拓:「企業の考え方をより説得力をもってアピールできる」〔④新たな顧客の開拓につながる〕
(e) 従業員のモチベーションの向上:「来訪者の反応を直接確認」〔⑤企業のアイデンティティを醸成することができる〕
(f) ものづくりへの理解深化と将来を担う人材の育成:「ものづくりへの理解と興味」「将来の職業選択を考える刺激になる」〔⑥ものづくりへの理解を深め,将来を担う人材の育成につながる〕
(g) 社会・地域貢献:「多くの人々が当該地域に訪れることとなり,地域活性化にも役立つ」〔⑦社会や地域への貢献につながる〕
② 地域・地方自治体にとっての産業観光の意義
 (a) 既存の産業立地を活かし,新たな観光魅力を創出できる〔①同文〕
 (b) 地域産業振興:「これまでつながりの少なかった分野の企業や企業と地域との連携が活発になり,地域全体の活発化につながる」〔②地域の産業振興につながる〕
 (c) 交流人口の増大〔③交流人口が増大する〕
 (d) 地域アイデンティティの醸成:「地元住民が地域の歴史や産業を再認識する契機になる」〔④地域アイデンティティを醸成することができる〕
 (e) 地域企業・住民・自治体の連携強化〔⑤施設・企業,住民,自治体間のつながりを強化する手段となる〕
③ 来訪者にとっての産業観光の意義
 (a) 知的欲求充足〔①知的欲求の充足が得られる〕
 (b) 地域や歴史に対する理解が深められる〔②地域や歴史に対する理解を深めることができる〕
 (c) 個人の興味に応じた楽しみ方ができる〔③様々な属性(性別,年齢,国籍等)の興味に応じた楽しみ方ができる〕
 (d) 普段味わえない産業特有の空間や雰囲気を感じることができる〔④同文〕
 (e) 体験プログラムや限定商品など産業観光特有の楽しみがある〔⑤同文〕

経済産業省は先の「報告集」において，「総合交流型」の「発展方向」について，その意義を述べている[25]。すなわち，地域ブランドの育成，まちづくりの好循環プロセスの形成，広域的ネットワークと国際化への展開である。
　しかしこのような発展方向が可能となるのは，旅行業者の観光商品・魅力ある観光ルートの開発につながり，それゆえに業者のプロモーションが行われ，それによって知名度を獲得し，また商品としての整備が行われ，ボランティアや公的資金を必要としないで，観光資源を提供する側にとっても，直接来訪者（観光商品の顧客）あるいは旅行業者に対する有償の資源提供となり，それゆえに雇用を増加させるという「事業化」を成しえた場合である。
　産業観光についての意義として上記に掲げた引用は，「事業化」を行わなかったとしても，それ自身として意義のある「事業」であるとする，説得力のある解説である。しかし，収益が上がらなかった場合，受入側である企業と地方自治体や観光協会にとって大きな負担となり，受入側に対するアンケート結果に見られるように，人材不足や資金難，ボランティアの育成の必要を訴えることになる。
　それは産業観光に関してのみならず，例えば次節以降で扱う「花見」として観光対象として，自然の景観や人工的な自然などの観光資源を創造・育成・整備・維持する場合の費用を「誰が出すのか」，「誰が無償で働くのか」を考えたとき，持続可能な条件とは考えられない。既存の地元観光資源の活用，地域産業の観光資源化が，その事業化につながらない限り，地域の雇用を創出し，地域産品・サービスの売上を促進して地域を経済的に発展させることにつながらず，地域を再生する力とはならない。このことに対する失望は，国立大学の新設観光学部に対する定員割れにも表れる。

第4節　菜の花を活用した観光資源，菜の花製品，菜の花米

1　花見観光資源

　ある旅行業者は，インターネット上で，「菜の花名所巡り」と題して，「菜の花の名所」を紹介している。

　「【菜の花】花見旅行！菜の花名所巡り春の風物詩，菜の花の見頃がやってきます。そこで今回，菜の花の名所に近い宿をご紹介！一面を黄色く彩る，菜の花のじゅうたん。2016年の春は，菜の花の花見旅行で決まり！菜の花を鑑賞するなら，ゆこゆこ「菜の花・花見旅行！菜の花名所巡り」特集で！26)」

　その中には，静岡県南伊豆町「みなみの桜と菜の花まつり」（下賀茂温泉青野川），千葉県南房総「房総フラワーライン」，茨城県ひたちなか市「国立ひたちなか海浜公園」，青森県上北郡「横浜町むつはまなすライン」，新潟県湯沢町「旭原花の郷」，長野県飯山市「飯山菜の花公園」，長野県大町市「中山高原」，長崎県諫早市「白木峯高原」，兵庫県淡路市「あわじ花さじきの菜の花畑」，北海道滝川市「滝川市の菜の花畑」，愛知県新城市「新城菜の花まつり」，福井県福井市「足羽川なのはなフェスタ」，広島県庄原市「国営備北丘陵公園」などが網羅されている。海浜やシーサイドライン，国営公園，海浜公園，丘陵公園など「菜の花」がなくとも景観が楽しめる地域，桜の名所，温泉地，スキー場，菜の花以外の花も集めて「フラワーライン」としている地域など，観光資源の集積効果を活用しつつ「菜の花フェスタ」，「菜の花まつり」などのイベントを開催して集客を行っていることが，確認される。

　ひときわ有名なものとして，上記にはないが，埼玉県幸手市（さってし）「幸手権現堂堤」は関東の桜の名所として有名であるが，とくに桜のピンクと菜の花の黄色がコントラストとして際立ち，スポットとなっている。

2 菜の花製品の製造と菜の花米の栽培

この節では,菜の花を栽培した場合の栽培費とそれから製品を製造した場合の製造費,製品の売上による収益との対比で,事業としての採算性を検討する。富山県富山市の『グリーンパワーなのはな[27]』に対するヒアリングで下記の事が分かった。実際の経費については,社内事情と個人の所得に関わる事項なので聞くことはタブーである。公開のデータと店頭価格,通常の時間給社員の日当や社会保険などから予測できる金額をもとに概算で算出する。

『グリーンパワーなのはな』は次の作業を行っている。

菜種作業（211.8 a）
 10月9日 土壌改良剤散布（100kg／10 a），耕起①
 10月12日 肥料散布（80kg／10 a） 耕起②
 10月14日 作溝＋つなぎ
 10月15日 播種 1.75kg／10 a（残3.02kg補植）

この4日間の作業を5名の社員が行っている。

人件費を1時間当たり1人1,000円とすれば5名×8時間で40時間,40,000

第10章 菜の花の活用による観光資源の創造

円となるので，4日間では160,000円である。

　肥料を211.8aに散布した場合，20kgあたり2,670円で，1694.4kgを散布したことになるので，226,202.4円となる。

　土壌改良剤は10kg当り約50円（1kg当り5円）が相場である。211.8aに10aあたり100kgの濃度で散布した場合，2,118kg×5円は約10,590円である。

　菜の花の種の価格は，油用秋撒きの品種について調査した結果では，店舗と品種によるばらつきがあるものの，700g当り約2,000円であった。しかし播種用の種は自家生産である。概算でこの4日間の作業に要した費用は396,792.4円，約400,000円である。

　また瓶詰めまでの作業の人件費は，収穫6人日約48,000円，乾燥20日人約160,000円で，概算で200,000円である。

　製造費としては，上記以外の固定費や電気代などを除いて概算で約600,000円である。

　これによって収穫した種子915kgのうち40kgが次期作用種子で，残りはすべて搾油用である。びん詰め460g×630本（瓶代は1本105円）は，贈答用3本セット3,140円で[28]一瓶あたり瓶代を除けば約900円であり，単純計算で567,000円の売り上げである。また16.5kg缶は予約販売のみで，一缶あたり30,000円で3缶で90,000円である。概算で670,000円の売上である。

　したがって，ここで計上されない減価償却や電気代などを含めると，これのみでは採算が取れていないとも考えられるが，同社は黒米，赤米，ミルキークィーン，もち米，古代米などの製品，契約栽培のサービス契約，菜の花畑のオーナー募集などの事業を挑戦的に行っている[29]。

　ところで，アブラナの食用利用は，全国的には，在来種アブラナやセイヨウアブラナ，コウタイサイなどが利用され，香川県，高知県，千葉県，三重県などを中心に栽培されている。チンゲンサイ，カブ，ハクサイ，油用のセイヨウアブラナ，ノザワナ，チリメンハクサイなどもある。セイヨウカラシナは，川原や荒地にも繁茂するため，河川敷や堤防などで栽培されている。これはマスタードの原料である。

菜の花は害虫に強く，緑肥として最適であるといわれる。兵庫県立農林水産技術総合センター　納涼技術センター　作物・経営機械部は，次の実験結果を発表している。

　「【背景・目的・成果】「菜の花緑肥は，春季の景観形成だけでなく，冬季のほ場外への肥料成分の流出を低減する効果や稲作時の肥料代替効果が期待できます。ここでは，菜の花緑肥として『シロガラシ』を栽培しました。」「シロガラシは，地力が高く，無機態の窒素成分が豊富な圃場ほど，育成が旺盛です。」「無機態窒素成分の吸収が旺盛なシロガラシを栽培することで，肥料成分の圃場外への流出抑制による環境負荷低減を図ることができます。」「シロガラシの肥料代替効果はきわめて緩効的で，出穂期まで肥効が持続します。[30])」

　そこで実際にそれを行って特別栽培米「菜の花米」を栽培している農事組合法人「エコファーム舟枝[31)]」の事例から，菜の花米の栽培と販売という事業を検討する。同組合の「菜の花米」は，「平成26年産特別栽培米　福井県認証特別栽培農産物　減農薬無化学肥料栽培　福井県鯖江市産コシヒカリ「菜花米」として認定されている。同法人は30ha規模で，27年度は15haに菜の花を播き，そのうち約10haで特別栽培米県認証を栽培し，後は他の品種を播種し，グレードアップを図っているという[32)]。

　同組合資料によれば，「さばえ菜花は，古くから自生していた，日本固有のククタチ（青森の菜の花）と極早生菜花（三重県の洋種なたねの突然変異種：ナプス種）との相互雑種です。からし菜に比べ，背が低く茎も細く，根も深くないので，鋤き込んで緑肥として使うのには，適した品種です。秋の播いた種は，芽を出し11月には，グリーンのじゅうたんの様になります。…3月になると成長し，4月には，一面黄色の花が咲きます。桜のピンクと，大麦の緑のコラボレーションは，見事な景色です。…その菜花を肥料として鋤き込み，化学肥料を使わず，農薬も使わないで無農薬で作ったお米と，農薬を半分に減らしたお米が，さばえ菜花米です。」

　同法人は，「お米のブランド化の推進や農業生産物の多角化等の農事組合法人エコファーム舟枝の営農活動が認められて，平成26年6月には総務省の『地

第10章　菜の花の活用による観光資源の創造

域経済循環創造事業交付金』に採択されました33)」としている。「地域経済循環創造事業交付金34)実施計画書」によれば，収入見込（売上高等）では平成28年度では，38,840,000円を見込んでおり，その品目は「米（転用麦を含む），大豆，ハウス園芸」で，それぞれ29,540,000円，6,600,000円，2,700,000円である。地域資源活用費：原材料費（種苗，肥料，農薬），修繕，燃料費，リース代，地域人材活用費：米（転用麦を含む），大豆，ハウス園芸（人件費），その他の経常的支出を合わせて，経常的支出合計が37,580,000円である。搾油用と異なり，鋤き込みの場合，人力による除草以外，ほとんど経費は掛からず，除草も雪の下にある期間が長いため，殆ど不要であり，しかも，特別栽培米は一般の米の2倍以上の相場である。

第5節　花見イベントと観光資源の事業化・産業化

　2016年2月の調査では，季節が異なるため，菜の花の花見イベントを調査することが出来なかったが，舟枝には毎年，一日数十人が家族ずれが花見に訪れている。いまエコファーム舟枝では，3～4月の菜の花花見シーズンにお祭りを開催し，ビニールシートを敷く場所を確保して有料で貸出し，菜の花米の即売を含めた事業化を考えている。

　しかし，私見では，そうするためには，観光事業を行う企業と提携し，5～6月の菜の花の鋤き込みと田植も「産業観光化」して，体験型の観光として有料化すること，CRMの方法で利用顧客を把握し，「田植え」，「稲刈り」などをシリーズとして有料「会員」を募り，「体験」で育っている稲の状況を顧客に知らせ，自分が鋤き込んで植えた稲を刈り取った場合で収穫した菜の花米を会員価格で販売するというような，「都会では体験できない農業体験」を売りにして産業観光を事業化することが考えられる。

　それをインターネットや提携する旅行社のパンフレットで公表することで，利用顧客も増えていくことによって，「花見名所」「花見イベント」，「菜の花

米」のブランド化が可能となる。

　現在,「花見名所」「花見イベント」が成立している場所の特徴は,菜の花を栽培している面積が広大であること,背景としてコントラストの色彩の花や森林があること,交通の便が良い,あるいはツアーとして旅行社がセットメニューとしていること,などである。駐車場利用客が増えることも想定すれば,それ自身を事業化できる。

　近隣に宿泊施設があり,その施設の近隣に観光客にとっての魅力のある施設などがある,あるいは温泉地であることも,地域ブランド成立の条件といえる。

　現在,ある地域では,「塩田」(しおた＝塩田(エンデン)ではない)と呼ばれる,地下からナトリウム系の温泉が出ているが,温泉井戸を掘削せずに放置されているため,作物が育たない地域がある。その地域は国道のバイパスに面していて,日帰り温泉や温泉宿泊施設に適しているが,同じ市町村にある有名な温泉地との競合や利用客の分散の危険性から,温泉は開発しないで,近隣に温泉施設の無い道の駅が建設される。農家にとっては,塩田は不良な田畑である。

　そのような地域では,かりに旧来の温泉地の宿泊施設と提携した場合でも,「塩田」部分を避ければ,例えば新潟県などでは,このプロジェクトにその地域の農業者が賛同して農事組合法人を結成すれば,菜の花を植える田畑面積は,広大である。また背景に森林があるようなところは多くあり,計画的に桜などを植えれば,埼玉県の権現堂のような「花見名所」としての条件整備が可能である。

　それではその桜をだれが何のために植えるのか,観光客を集めるためか,植樹は観光資源の創出であり,投資である。決してボランティアや篤志家の自己満足ではない。そしてそれを誰が何のために手入れをして維持し続けるのか,その資金は何によって得られるのか,観光客は桜や菜の花などの花を見た満足に対して支払うことは無い。支払わなくても見ることはできる。これは放送局がテレビを持つ「顧客」のもとに受信料の請求に行った時,ガスや水道,電気などの利用料と同様に考えて,「支払わないので電波の送信を止めてくれても良い」といった逸話と共通する問題である。その顧客は衛星放送と同様に,

「見た分だけ支払う」という仕組みに対しては納得して支払う。「景色」の場合は，「見た分だけ支払う」論理に納得する者はいない。

そこで顧客が支払うのに納得する方法は，観光コースとしての「セット」化であり，いろいろなものを案内され，発見して感動を覚え，飲食をしながら花見をして「団欒」を楽しみ，一人の勝手な旅では味わうことのできない「体験」をして，さらに宿で温泉に浸かり，夕食をして，宿の雰囲気を味わい，睡眠をとり，もとの場所まで送迎するという観光商品に対しては支払い，そこに観光資源の維持費，その観光対象への投資家とサービス労働に対する支払いも含まれているという説明を受ければ納得する。これによって「事業化」することで，観光資源としては桜を植樹し，菜の花を栽培するという活動が投資となり，それに引き合う収益を得ることで雇用が増え，地域が発展する。

産業観光を事業化するために必要なことは，下記の通りである。
① 地域産業を観光化することによって，工場・企業・店舗・技能・技術を産業観光資源（産業的資源）とすることができる。
② またすべての観光資源を観光対象とするために，必要な手段的な観光資源を有機的に結合することによって，あるいは広域連携などによって観光コース化して観光対象とすることが必要である。また観光対象を事業化するためのビジネスモデルの開発が求められる。
③ 観光企業・旅行社・宿泊施設業者との連携によって，観光資源・観光対象の商品化，観光企業・旅行社による有償の「原材料」としての活用が必要である。
④ この「事業化」こそが観光地化，産業観光化の成果を地域に還元し，またブランド化を実現するために必要な方法であると考えている。
⑤ 観光企業・旅行社・宿泊施設業者と観光資源提供事業者とは，観光ルート，観光セット商品として，インターネット，テレビ，新聞，雑誌などのメディアを通してプロモーションを行い，各事業者は，メンバーズカードなどで，リピーターを増やし，CRMを実現する必要がある。

⑥ 観光企業・旅行業者・宿泊施設業者・観光資源提供事業者は，駅前など交通機関の要所や駐車場を起点とするウォーキングナビゲーション，ポタリングナビゲーションを，スマートフォンやタブレットで利用できるシステムを設置し，これをウェブ利用の観光商品とすることも望まれる。

謝　　辞

　本章を作成するにあたり，見学やインタビュー，資料提供に快く応じてくださった有限会社　グリーンパワーなのはな，農事組合法人　エコファーム舟枝の皆様に心より感謝申し上げます。

〔注〕
1) 大阪産業経済リサーチセンター（総括研究員　北出芳久）『大阪の地域ブランド戦略のあり方』2015.4.30。
2) 次のような定義で表現する「ブランド」もまた一般的に用語・概念として使用されているブランドである。「Brandとは，製造者である事業体が顧客に対し自己の製品であることを示し，競争製品と区別するために用いる文字，図形，記号またはこれらの結合である。」しかしこの定義では，製品名，社名，マーク，ロゴで示し，自社製品であることを示したものに過ぎない。ブランド化するあるいはブランディングという表現で示される「ブランド」は，ブランド力，brand equityを有するbrandとなることであり，筆者はそのような要素を備えた「brand」をブランドと定義している。
3) 日本広告学会2015年度「2年間研究プロジェクト」。
4) 三条は平安時代の三条左衛門に由来する歴史を持つといわれており，「三条城」の「城址」が発見された。また加茂市は平安時代には，678年（天武天皇の頃？）造営された京都の賀茂神社の社料であった。また御料地として政争の敗者を追放する地域であるとされていた。流された者が河川や自然，橋梁を京都になぞらえたようである。とすれば歴史的には平安京のあった京都よりも古いことになるが，太田遺跡以外には，目立った歴史遺産は発見されていない。
5) http://www.weblio.jp/content/　産業観光：2015年11月30日現在。
6) http://nagoya-cci-industrial-tourism.jp/reports/detail?id=20（2016年3月28日現在）。
7) 尾家建生「観光資源と観光アトラクション」『大阪観光大学紀要第9号』p.11。
8) 同上。
9) 同上。
10) 同上。
11) 同上書pp.11〜15。

12) 同上書 p.15。
13) 森重昌之「観光資源の分類の意義と資源化プロセスのマネジメントの重要性」『阪南論集　人文・自然科学編』47巻2号（2012年3月）p.113。
14) 「複合資源」「複合型」という表現の場合，大都市，農山漁村，郷土景観，歴史景観といった様々な要素を含むシステムを指す意味で使用しているのが一般的のようであるが，自然資源であれ，文化遺産（JTBのいう人文資源Ⅰを含む）であれ，ただ資源として存在するのみでは観光対象とはならない。自然資源を観光対象とするための，あるいは文化遺産を紹介し観光対象とするための人口の資源（人文資源）が必要であるから，それを「自然資源との複合」「文化遺産との複合」の人文資源と表現した。
15) 観光立国関係閣僚会議『観光立国行動計画～「住んでよし，訪れてよしの国づくり」戦略行動計画』平成15年7月31日 p.6。
16) 経済産業省「報告集　産業観光の今後のあり方に関する調査研究」（平成15年度サービス産業構造改革推進調査：平成16年3月）pp.1～2。
17) 同上「報告書」pp.3～7。
18) 同上「報告書」p.12。
19) 同上「報告書」p.97。
20) いってよかった！工場見学＆社会見学ランキング2014では，「ニッカウヰスキー余市蒸留所」のランキングは1位であり，この「連ドラ」がこの年に始まっていることが，その原因と考えられる。http://matome.naver.jp/odai/2140421366371492801（2016年3月28日現在）。
21) 社団法人日本観光協会「地位経済産業活性化対策調査（産業観光資源賦存状況等調査研究事業）報告書 p.164。
22) 独立行政法人 中小企業基盤整備機構 経営支援情報センター「水産加工業の復興に向けた課題と展望に関する調査研究」『中小機構調査研究報告書 第4巻第3号（通号16号）』（2012年3月）pp.9-11。
23) 国土交通省　都市・地域整備局「観光ガイドライン」（平成19年度中部圏における多軸連結構造の形成推進調査）（ものづくり文化回廊形成推進調査）pp.4～10頁。
24) 　PRはPublic Relations：公的関係性または公的関係性の醸成であろうが，ここでは，日本語的な「宣伝」に近い意味で用いられているようである。
25) 経済産業省　前掲「報告集」。
26) 株式会社ゆこゆこ（http://www.yukoyuko.net/sp_nanohana　2016年2月10日現在）。
27) 有限会社グリーンパワーなのはな：富山県富山市水橋上桜木107。
28) http://gp-nanohana.com/shopping/nataneabura_set.html（2016年2月16日現在）。
29) http://gp-nanohana.com/（2016年2月16日現在）。
30) 兵庫県立農林水産技術総合センター　農業技術センター　作物・経営機械部『菜の花緑肥による環境負荷低減効果と肥料代替効果』。http://hyogo-nourinsuisangc.jp/18-panel/pdf/h20/sakumotu_01.pdf（2016年2月16日現在）。
31) http://ecofunaeda.com（2016年2月16日現在）農事組合法人　エコファーム舟枝

福井県鯖江市舟枝町第9号23番地。
32)　農事組合法人　エコファーム舟枝　理事長談。
33)　http://ecofunaeda.com/information/（2016年2月16日現在）。
34)　地域経済循環創造事業交付金は，「都道府県及び市町村が，地域の金融機関等と連携しながら民間事業者による事業化段階で必要となる経費についての助成」であり，「地域資源を活用した先進的で持続可能な事業化の取組を促進し，地域での経済循環を創造することを目的とする」ものである（地域経済循環創造事業交付金交付要領）。

【参考文献】

(1)　西田安慶・片上　洋　編著『地域産業の振興と経済発展』三学出版（2014年）。
(2)　大阪産業経済リサーチセンター（総括研究員　北出芳久）『大阪の地域ブランド戦略のあり方』2015.4.30。
(3)　森重昌之「観光資源の分類の意義と資源化プロセスのマネジメントの重要性」『阪南論集　人文・自然科学編』47巻2号（2012年3月）。
(4)　尾家建生「観光資源と観光アトラクション」『大阪観光大学紀要第9号』。
(5)　観光立国関係閣僚会議『観光立国行動計画～「住んでよし，訪れてよしの国づくり」戦略行動計画』平成15年7月31日。
(6)　経済産業省「報告集　産業観光の今後のあり方に関する調査研究」（平成15年度サービス産業構造改革推進調査：平成16年3月）。
(7)　国土交通省　都市・地域整備局「観光ガイドライン」（平成19年度中部圏における多軸連結構造の形成推進調査）（ものづくり文化回廊形成推進調査）。

おわりに

　本書は観光まちづくり，地域のブランド化，産業観光化，中心市街地活性化，地域の観光産業，伝統工芸観光化，農業の6次産業化，地域資源ブランド化，農業のイノベーション，地域観光資源の発見・創造と産業化，すなわち地域産業の経営戦略を論じている。

　地域活性化は，次の三つの活性化を含んでいる。①地域全体の経済的活性化，②地域の諸企業の活性化，③地域のコミュニティとしての活性化である。経営学の視点では前2者を中心に論じている。しかし③は前2者の環境として重要である。しかし③の成立も前二者によって成立することができる。本書が発刊されるこの時期は，アジアを中心とした不況の中にあり，地域にとって最も重要なことは地域の雇用促進と市場拡大である。

　本来，地域の「観光化」と「産業化」は地域事業者による「事業化」を当然含んでいる。しかしながら，「観光地」として「産業化」されている地域では，観光地域資源の提供者にとっては，「事業化」し得ない資源をも「観光資源」として利用されている。第3章で述べているように，受け入れ組織や運営組織が対価を得ることは，資源の維持と供給にとって欠かせない。観光地において資源の供給や案内がボランティアによっておぎなわれている一方で，観光産業化・事業化した分野が対価を得ている。そこで，上記の各事例となった地域と地域資源，地域産業が，「観光化」「産業化」に成功を収める鍵は，その資源を提供するすべての主体が「産業化」の恩恵を得て地域資源を「事業化」し，雇用を拡大し，維持・活性化できるシステムの開発であろう。

　この著書は経営学の視点でとらえた地域産業の発展「まちづくり」に関する学術研究の集成である。各執筆者の一層の研鑽と読者の皆様の活用を期待する。

　2016年8月

　　　　　　　　　　　　　　　　　　　　　　編著者　片上　洋

索　引

〔あ行〕

暗黙知 ……………………… 111, 112, 113
咸宜園 ………………………………… 14
一村一品運動 ………………………… 127
オープンファクトリー …………… 35, 37

〔か行〕

かつお節産業 ………………… 147, 150
金気止め …………………………… 115
株式会社まちづくりとやま ……… 73, 74
観光コア商品 ……………… 91, 92, 96
観光資源 …………………………… 191
観光ブランド ……………………… 189
観光まちづくり ……………………… 3
学生まちづくりコンペティション ‥ 75, 76
草野本家 ……………………………… 13
コンパクトシティ …………………… 69

〔さ行〕

サービスマーケティング …………… 48
サブブランド ……………………… 189
産業観光 ………………… 35, 45, 190
産地ブランド ……………………… 189
社会的課題 ………………………… 131
社会的企業 ………………… 130, 131
自然栽培 …………………… 165, 175
修学旅行 …………………………… 54
千年あかり …………………………… 9
ソーシャル・キャピタル ………… 134
JAはくい …………………………… 168
世界遺産 …………………………… 55

〔た行〕

匠の技の伝承 ……………… 111, 113
地域イノベーション ……… 165, 183
地域活性化 ………………… 66, 67

〔は行〕

地域ブランド ……………… 26, 28, 30
中小企業 ……………………… 51, 53
中心市街地活性化基本計画 …… 68, 78, 79
陳列 …………………………… 98, 100
燕三条 ……………………… 25, 26, 38
燕三条ブランド …………… 26, 28, 29
提案型観光商品 …………………… 102
鉄分 ………………………………… 116
手づくり …………………………… 119
天領日田おひなまつり ……………… 9, 10
伝統野菜 …………………………… 123
徒弟制度 …………………………… 106

〔な行〕

賑わい拠点の創出事業 …………… 64, 70
農協経営 …………………………… 174
農商工連携 ………………………… 128

〔は行〕

羽咋市 ……………………………… 170
花見観光資源 ……………………… 201
刃物産業 …………………… 31, 32, 38
東大阪 ………………………………… 50
日田天領祭り ………………………… 8, 9
廣瀬淡窓旧宅及び墓 ………………… 13
ブランド …………………………… 189

〔ま行〕

まちづくり ………………………… 65, 80
豆田町 ………………………………… 15

〔や行〕

焼津の水産加工産業 ……………… 160
焼津の地域資源 …………………… 152

〔ら行〕

連携協定 …………………………… 170

執筆者紹介 （執筆順）

西田　安慶（にしだ　やすよし）　　　　　　　　　　　　　　　第1章
編著者紹介参照。

伊部　泰弘（いべ　やすひろ）　　　　　　　　　　　　　　　　第2章
新潟経営大学経営情報学部　教授
主要著書・論文
『経営戦略論を学ぶ』（共著）（創成社，2015年）
『中小企業マーケティングの構図』（共著）（同文舘出版，2016年）
「老舗ブランドの競争戦略に関する一考察―宝酒造「松竹梅」の事例研究―」
『企業経営研究』（第18号，日本企業経営学会，2015年）

中嶋　嘉孝（なかしま　よしたか）　　　　　　　　　　　　　　第3章
大阪商業大学　総合経営学部商学科　准教授
主要著書・論文
『家電流通の構造変化―メーカーから家電量販店へのパワーシフト―』（専修大学出版局，2008年）
『製配販をめぐる対抗と協調　サプライチェーン統合の現段階』（共著）（白桃書房，2013年）
「家電流通におけるパワーシフトに関する研究」『企業経営研究』（第13号，日本企業経営学会，2010年）

清水　真（しみず　まこと）　　　　　　　　　　　　　　　　　第4章
中部大学経営情報学部経営総合学科　教授
主要著書・論文
『中小企業マーケティングの構図』（共著）（同文舘出版，2016年）
『マーケティングと消費者』（共著）（慶應義塾大学出版会，2012年）
「コミュニティ・ビジネスにおける持続性に関する課題」『企業経営研究』（第18号，日本企業経営学会，2015年）

成田　景堯（なりた　ひろあき）　　　　　　　　　　　　　　　第5章
松山大学経営学部　専任講師
主要著書・論文
『京都に学ぶマーケティング』（編著）（五絃舎出版，2014年）
「マクロマーケティング研究の特徴と類型」『明大商學論叢』（第96巻第1号，明治大学商学研究所，2013年）
「小売業国際化の第一歩」『流通ネットワーキング』（第294号，日本工業出版，2016年）

日向　浩幸（ひむかい　ひろゆき）　　　　　　　　　　　　　　第6章
大原簿記学校　講師
主要著書・論文
「医療の質マネジメントシステム構築に関する研究」『企業経営研究』（第17号，日本企業経営学会，2014年）
「病院のブランド戦略とCSR：渓仁会病院の事例分析を中心として」『日本経営倫理学会誌』（第20号，日本経営倫理学会，2013年）
「メディカルツーリズムにみる地域医療のバリューチェーン革新」『日本地域政策研究』（第11号，日本地域政策学会，2013年）

水野　清文（みずの　きよふみ）　　　　　　　　　　　　　　　第7章
奈良産業大学（現・奈良学園大学）ビジネス学部　准教授
主要著書・論文
『PB商品戦略の変遷と展望』（単著）（晃洋書房，2016年）
「株式会社ダイエーの再建に向けたグループ化と異文化融合」『奈良産業大学紀要』（第30集，奈良産業大学（現・奈良学園大学）2013年）
「食品関連企業におけるPB商品導入とランチェスター戦略への効果」『産業経済研究』（第12号，日本産業経済学会，2012年）

岩本　勇（いわもと　いさむ）　　　　　　　　　　　　　　　　第8章
静岡福祉大学　社会福祉学部　准教授
主要著書・論文
『挑戦する卸売業』（共著）（日本経済新聞社，1997年）
『現代の流通と取引』（共著）（同文舘，2000年）
「チャネル・リーダー移動の考察－PB比率と環境要因の相関分析を一例として－」『産業経済研究』（第16号，日本産業経済学会，2016年）

藪下　保弘（やぶした　やすひろ）　　　　　　　　　　　　　　第9章
新潟経営大学　観光経営学部　教授
主要著書・論文
「SNSを活用した観光経営情報の形態素解析」『地域活性化ジャーナル』（共著）（第22号，新潟経営大学地域活性化研究所，2016）
「新潟県県央地域の観光資源再発掘に資する施策の試案」『地域活性化ジャーナル』（共著）（第22号，新潟経営大学地域活性化研究所，2016）

片上　洋（かたかみ　ひろし）　　　　　　　　　　　　　　　　第10章
編著者紹介参照。

《編著者紹介》

西田　安慶（にしだ　やすよし）
日本企業経営学会会長，東海学園大学名誉教授。滋賀大学経済学部卒業。東海学園大学経営学部教授・同大学大学院経営学研究科教授を経て，中部学院大学経営学部教授・学部長，同大学大学院人間福祉学研究科兼担教授を歴任。学会活動として，日本学術会議商学研連委員，経営関連学会協議会副理事長，日本産業経済学会会長，日本消費者教育学会副会長等を歴任。

主　著
『現代マーケティング論』（単著）弘文社，1994年。『現代日本の産業別マーケティング』（共著）ナカニシア出版，1994年。『最新商学総論』（共著）中央経済社，1995年。『現代商学』（共編著）税務経理協会，2003年。『消費生活思想の展開』（編集委員長・共著）税務経理協会，2005年。『流通・マーケティング』（共著）慶應義塾大学出版会，2005年。『新現代マーケティング論』（単著）弘文社，2006年。『環境と消費者』（共著）慶應義塾大学出版会，2010年。『マーケティング戦略論』（共編著）学文社，2011年。『地域産業の振興と経済発展』（共編著）三学出版，2014年。

片上　洋（かたかみ　ひろし）
日本企業経営学会理事長，新潟経営大学教授。大阪経済大学大学院博士課程単位取得満期退学。韓国東亞大學校經營大學大學院博士課程修了（經營學博士）。安芸女子大学教授を歴任。学会活動として，日本企業経営学会副会長，East Eurasia Inter-regional Conference 会長（現在名誉会長），日本産業経済学会会長，経営関連学会協議会理事長補佐を歴任。

主　著
『商品形成循環と現代マーケティング論』（単著）法政出版，1992年。『現代マーケティング～情報化時代のマーケティングの展望～』（単著）同文舘出版，1997年。『小売業マーケティング～これからの商業経営～』（単著）法政出版，1998年。『現代商品形成論』（単著）三学出版，1999年。『マーケティング戦略の新展開』（編著）三学出版，2001年。『地域産業の振興と経済発展』（共編著）三学出版，2014年。

編著者との契約により検印省略

平成28年9月1日 初版第1刷発行

地域産業の経営戦略
－地域再生ビジョン－

編 著 者	西 田 安 慶
	片 上 洋
発 行 者	大 坪 嘉 春
印 刷 所	税経印刷株式会社
製 本 所	牧製本印刷株式会社

発 行 所　〒161-0033　東京都新宿区　　株式　税務経理協会
　　　　　　下落合2丁目5番13号　　　　会社

振　替　00190-2-187408　　電話　(03)3953-3301（編集部）
ＦＡＸ　(03)3565-3391　　　　　　(03)3953-3325（営業部）
　　　　URL　http://www.zeikei.co.jp/
　　　乱丁・落丁の場合は，お取替えいたします。

© 西田安慶・片上 洋 2016　　　　　　　　　　Printed in Japan

本書の無断複写は著作権法上での例外を除き禁じられています。複写される場合は，そのつど事前に，（社）出版者著作権管理機構（電話 03-3513-6969，FAX 03-3513-6979, e-mail：info@jcopy.or.jp）の許諾を得てください。

JCOPY ＜（社）出版者著作権管理機構 委託出版物＞

ISBN978-4-419-06372-6　C3034